masaje para tu bebé

según la tradición ayurvédica

Título original: *Le massage des bébés selon la tradition ayurvédique*

Fotografías: Jean-François Chavanne, excepto p. 10/11 (© TIXADOR Robert) y p. 14 (DR)
Maquetación: Émilie Greenberg

Primera reimpresión: febrero de 2007

Antes de poner en práctica cualquier consejo sugerido en este libro, es recomendable consultar al médico si es o no conveniente, especialmente si usted problemas de salud, o padecen alguna dolencia. El autor y los editores han tomado todas las precauciones razonables para garantizar la exactitud y la seguridad de las instrucciones contenidas en este libro, por lo que no pueden aceptar responsabilidades por perjuicios o daños acaecidos como resultado de los ejercicios de este libro. Se recomienda utilizar el libro en combinación con las recomendaciones de un profesional.

Coordinación editorial: Bettina Meyer
Fotocomposición: Víctor Igual, S. L.

ISBN: 84-253-3989-8

Impreso y encuadernado en Singapur

GR 39898

Kiran Vyas

Danielle Belforti

Sandrine Testas-Lemasson

masaje para tu bebé

según la tradición ayurvédica

fotografías de Jean-François Chavanne

Grijalbo

prólogo

El mundo actual, gracias a los medios de comunicación y de transporte modernos, se ha vuelto muy pequeño. Las culturas se mezclan, y cada civilización, cada tradición, posee multitud de riquezas que compartir. La India antigua brinda el arte del masaje para que los padres lo disfruten con sus hijos. El masaje para bebés no es sólo una tradición. Participa en la «creación» del pequeño, del futuro adulto, que sabrá superar el estrés y el cansancio para hallar el bienestar físico y emocional.

Este libro tiene la finalidad de poner a su alcance este saber ancestral; el masaje del bebé está descrito con precisión pensando en objetivos prácticos. Dejemos, de todos modos, a las palabras, a las páginas, el lugar que les corresponde: transmitir una parte muy pequeña del conocimiento, una visión del saber sobre el masaje ayurvédico, sabiendo que el verdadero conocimiento es fruto de la práctica, la vivencia, la maduración y la integración real para acceder al nivel de cultura.

sumario

9 masaje y ayurveda

A través del mundo, a través de los tiempos 12
Ayurveda, ciencia y filosofía de vida 13
La transmisión de conocimientos 15
El bebé es una persona 16
Gozar de buena salud 18
La influencia de los cinco elementos 22

27 prepararse a fondo

Todo empieza mucho antes del nacimiento 28
Esperando al bebé 32
Estar cerca de los elementos 35
Una sesión de yoga con el bebé 36
La relajación profunda 40
Automasaje y masaje en los pies 42

47 antes de empezar el masaje

Una historia de familia 48
Un momento de descanso 50
Escuchar al bebé 52
Duración y frecuencia de los masajes 54
El lugar, la luz, el ambiente... 57
Aceites para el masaje 60
Polvos y cremas para el masaje 64

67 el masaje paso a paso

El premasaje 68
Colocarse juntos 72
La calidad del movimiento 75
Movimientos generales 76
Los pies 80
Las piernas 84
Las nalgas y el vientre 88
El pecho, los hombros y el cuello 92
La espalda 96
Los brazos y las manos 100
La cabeza y el rostro 104
Algunos estiramientos 110

119 y después...

La relajación y el baño 120
Masaje para niños 122

Glosario 126
Agradecimientos 128

masaje y ayurveda

a través del mundo, a través de los tiempos

El masaje es una práctica universal que existe en muchas civilizaciones antiguas, como las de China, Egipto, Mesopotamia y la India. Se practica igual en América del Sur, en África y en el Magreb como en las zonas más frías del planeta. A pesar de que con la modernización el masaje tiende a desaparecer, no deja de ser una práctica muy viva, ya sea en las aceras de Pondicherry, en los bosques de la Amazonia o en cualquiera de nuestras ciudades, en casa de una familia de origen africano.

El masaje de los bebés es una ciencia y un arte que se encuentran entre la mayoría de los seres vivos. Los inicios se observan en los mamíferos, que lamen a sus crías recién nacidas, las estimulan y las educan. Existe un tacto educativo y otro que puede ser calificado de masaje, especialmente entre los primates.

En un sentido amplio, el masaje ayurvédico comprende la higiene y la salud del bebé, duchas, baños y cataplasmas, los distintos ejercicios y maneras de llevar un bebé, así como las múltiples maneras de darle masajes. En muchos países, hoy como ayer, cuando el médico está a varios días de caminata, el masaje constituye uno de los medios para mantener al bebé sano, para reforzar todo su cuerpo y su desarrollo psicológico.

La tradición hindú

En la India el masaje es una tradición milenaria.

En comparación con otras civilizaciones, no han roto con las prácticas antiguas, y el masaje, entre todas las atenciones y cuidados que los padres prodigan a sus hijos, sigue formando parte integrante de la vida familiar. Representa una fase particular, integrada en un proceso general de bienestar del conjunto de la familia.

El masaje para bebés se practica a partir del día 28 posterior al nacimiento y prosigue hasta alrededor de los dos años. Tradicionalmente, es la abuela quien transmite sus conocimientos y se lo enseña a los padres.

En la práctica, la madre suele encargarse de los cuidados del bebé, pero la presencia del padre es, sin duda, primordial para su desarrollo adecuado.

ayurveda, ciencia y filosofía de vida

El ayurveda, ciencia y filosofía a la vez, considera al hombre en su globalidad. Es un ser físico, por supuesto, pero es sobre todo un ser afectivo, emocional y creativo, un ser mental y pensante, un ser psíquico, espiritual, que evoluciona a través del tiempo y se transforma, tratando de progresar, tanto en el transcurso de su propia existencia como con el paso de los siglos.

En sánscrito, la palabra *ayur** significa «vida» o «impulso vital», y el término *veda** significa «conocimiento». Ayurveda es, pues, la ciencia de la vida, o el arte de la vida. No se trata simplemente, como se entiende hoy, de la medicina hindú, sino también del arte del bienestar, a título individual o colectivo. Se estudia lo que es bueno para la vida y lo que no lo es, las maneras de vivir sanas y las que provocan dolor y enfermedad. Para hacer realidad este sueño de un individuo lleno de energía y felicidad, en el seno de una sociedad en estado de gozo y armonía, el ayurveda considera que hay que cuidarse no solo cuando se está enfermo sino mucho antes de que se manifieste la enfermedad. Igualmente, los cuidados ayurvédicos empiezan al nacer, incluso mucho antes; es aconsejable prodigar cuidados a los padres y acrecentar su deseo de un hijo antes de la concepción.

El ayurveda se divide en ocho ramas: la medicina general *(kaya tchikitsa),* la pediatría *(kaumara bhritya*,* ámbito que atañe al niño desde la concepción hasta la adolescencia), la cirujía *(shalya tantra),* la otorrinolaringología y la oftalmología *(shalakya tantra),* la psiquiatría *(bhuta vidya),* la toxicología *(agada tantra),* el rejuvenecimiento y la inmunidad *(rasayana)* y, por último, la ciencia de la energía y los afrodisíacos *(vajkarana).*
El masaje y el yoga forman parte de los pilares del ayurveda.

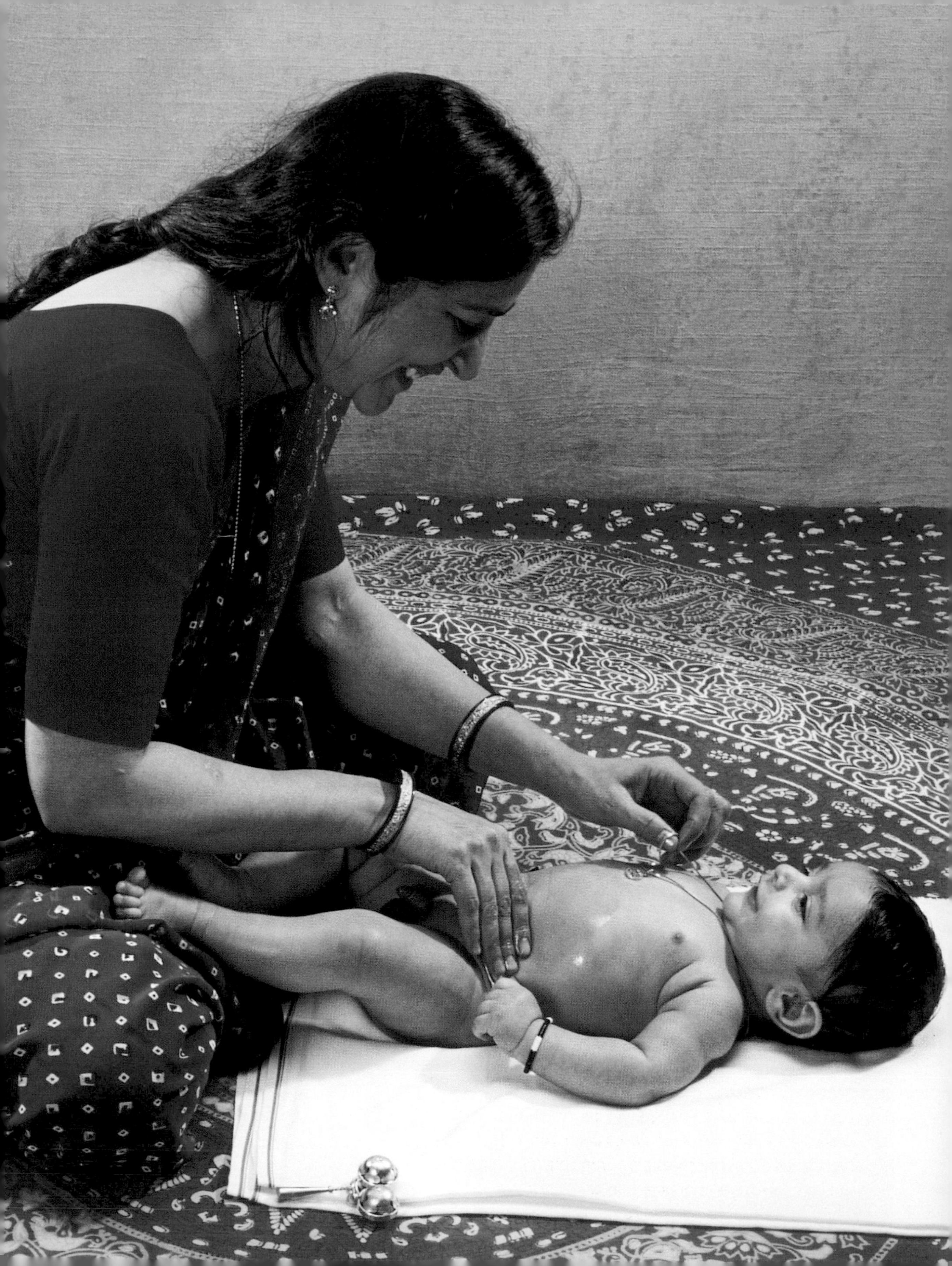

la transmisión de conocimientos

El masaje ha tenido siempre un lugar importante en el ayurveda, antes incluso de que se profundizara en el saber relacionado con las plantas, cataplasmas, tisanas y cocimientos. Se transmitía de madre a hija, de maestro a discípulo, de padre a hijo.

La salud no solo era asunto de los médicos ayurvédicos, sino que era objeto de una verdadera sinergia entre los padres, los médicos y la sociedad que les rodeaba. Los conocimientos se transmitieron así a las jóvenes madres y a las comadronas ayurvédicas, que dominaban a la perfección todas las disciplinas relacionadas con el bienestar del bebé y la madre, pero igualmente a los gitanos, que recorrían el mundo. Trabajos históricos han permitido reconstruir los grandes itinerarios a lo largo de los cuales se fueron difundiendo sus conocimientos prácticos. Pasaron por el Rajasthan, Afganistán, Irán, Irak, después Oriente Medio, los Balcanes, España. Aunque estos conocimientos, que han viajado a través del tiempo y el espacio, tienen por objeto, sobre todo, la salud, incluyen igualmente prácticas artísticas como la música o la danza.

Un inmenso saber sobre la maternidad

Desde hace miles de años, el ayurveda ha estado desarrollando un saber sumamente agudo y complejo acerca de la maternidad y la infancia. Todo cuanto concierne a la salud de los padres en el momento de la concepción está descrito con innumerables detalles relacionados con la alimentación, los ejercicios físicos, la eliminación de tensiones y desórdenes fisiológicos y psicológicos, o las condiciones ideales para la concepción. Las etapas de crecimiento del feto están detalladas, al igual que el estado de la madre, a lo largo de los nueve meses de embarazo. La transformación del cuerpo, los consejos de salud mediante la alimentación, los masajes, la vida emocional, la creatividad o la apertura a las artes son otros tantos ámbitos que influyen en el desarrollo armonioso del niño en su dimensión física y sagrada. Muchos conocimientos se refieren al parto, a su evolución fisiológica, pero también a la preparación del entorno –el lugar del nacimiento o la presencia de quienes intervienen en él–, el acompañamiento de la madre y la manera de acoger al niño. Los cuidados del recién nacido –el cordón, el baño, los ritos, la alimentación y el sueño– están estudiados, así como todo lo que se refiere a la lactancia y a la regulación de los nacimientos.

el bebé es una persona

Según el ayurveda, el bebé es una persona consciente, tan evolucionada, o incluso más, que sus padres o que la sociedad que lo rodea. Por eso la maternidad y las atenciones que se prodigan a la madre y a su hijo se elevan a un nivel casi sagrado.

Entablar un diálogo, tejer vínculos

El masaje brinda al niño una comunicación y un diálogo con sus padres y contribuye a su equilibrio general. Si falta este lazo, este «alimento afectivo», el bebé se siente inseguro; además, si se encuentra en un contexto en el que una alimentación rica, en el aspecto de la nutrición física, es deficiente, existe el riesgo de que se agrave una situación que de otro modo habría podido afrontar.
El masaje aporta al niño un momento delicioso de ternura para compartir con sus padres; la comunicación es no verbal y verbal a la vez –por los cantos, las palabras–. Es también un don, una expresión del amor incondicional de los padres.
El masaje se dirige al corazón emocional de todos los miembros de la familia y proporciona al niño tranquilidad, aportándole seguridad y confianza.

Desde una perspectiva simbólica, el masaje une el eje horizontal y el vertical, la materialidad y la sutilidad, o la espiritualidad. Durante una sesión, el bebé estirado representa el plano horizontal característico del mundo tangible y material; la madre o el padre, sentados, representan el plano vertical, característico del mundo sutil, del infinito, el amor y la elevación.
El masaje facilita la creación de lazos irrompibles entre el niño y sus padres; a veces, esto es aún más importante por cuanto, ya desde sus primeras noches en la maternidad, los bebés son separados de su madre para que ella descanse. Sin embargo, en esos primeros instantes es cuando se establecen los vínculos.

Piel con piel

En los países occidentales, a los bebés se los viste muy pronto después de su nacimiento, y el contacto piel con piel suele limitarse al aseo. No obstante, la piel es el órgano más pesado y el más extenso. En el aspecto fisiológico, tiene una función de nutrición, de asimilación, eliminación, protección e información. Se dice que, de los cinco sentidos, el tacto es el más importante.

El masaje proporciona al bebé un sueño apacible, una consciencia de la unidad de su cuerpo y una excelente estimulación sensorial, que le proporcionan una gran receptividad. Abre, estira y relaja el cuerpo; alivia las tensiones a las que el bebé es sensible, tales como el cansancio o el ruido. Da vitalidad, tranquiliza y proporciona un clima de confianza y seguridad. Así, por su acción sobre el sistema nervioso, el masaje parece ser una excelente prevención contra algunas enfermedades psicosomáticas.

gozar de buena salud

El masaje ayurvédico es un verdadero acto de prevención física y psicológica, que vela por la salud del niño en todos los aspectos. Gracias a una especie de intuición, la madre, por medio del contacto con su bebé, puede llegar a detectar ciertos trastornos mucho antes de que se manifiesten. Por otra parte, cuando estos tienen un origen psicosomático, la mera presencia atenta y benévola de la madre tranquiliza al niño, y un pequeño masaje lo alivia con suavidad, de manera imperceptible. El masaje del bebé refuerza los tejidos (*dhatus**) (véase p. 21), favorece la eliminación de toxinas (*malas**), estimula las distintas energías de transformación (*agnis**), armoniza los humores (*doshas**) y vela por lo que el ayurveda define como «buena salud física». Estas son las nociones básicas que intervienen en el masaje ayurvédico.

Incontables beneficios

Mediante los movimientos que se realizan y las sustancias que se utilizan –casi siempre aceite–, el masaje favorece la circulación de los líquidos internos –sangre, linfa y líquido cefaloraquídeo–. Refuerza y tonifica los músculos, los relaja y flexibiliza; elimina tensiones y bloqueos; consolida las articulaciones, nutre los huesos y estructura el cuerpo del niño. La piel se nutre en el aspecto fisiológico y afectivo, se vuelve flexible, sana y satinada. El conjunto del organismo del bebé se refuerza, su crecimiento se estimula. La mirada brillante, profunda y penetrante de un niño tras un masaje, su sonrisa en la que se imprimen la calma y la beatitud, su abandono confiado en los brazos de sus padres son otras tantas manifestaciones de esa luz que llaman *ojas** y que tiene la extraordinaria propiedad de irradiarse; comporta un beneficio para toda la familia.

Eliminar toxinas

Las toxinas constituyen todo aquello que el cuerpo no necesita en un momento dado. Esto es válido en cuanto al aspecto físico –una toxina alimentaria, por ejemplo–, o para el aspecto emocional –un acontecimiento mal vivido o una rabieta–. Después de la digestión de los alimentos, se da una separación entre toxinas (*malas*)* y lo que es beneficioso para el cuerpo, lo que lo nutrirá. Existen distintos tipos de toxinas. Las tres principales son las deposiciones (*purisha*)*, residuos de la digestión, la orina (*mutra*)*, portadora de toxinas y elementos inútiles, y la transpiración (*prashweda*)*, que regula la temperatura del cuerpo y ayuda al mantenimiento del sistema piloso. Al activar y reforzar el metabolismo, el masaje ayuda a eliminar las toxinas del cuerpo. Por la relajación que proporciona, por el bienestar que aporta, es igualmente una ayuda inestimable para evacuar las tensiones o «toxinas emocionales».

Estimular las energías de transformación

Según el ayurveda, existen trece energías (*agnis**) –la palabra sánscrita *agni* significa «fuego».
La energía de la digestión y del metabolismo está designada por este concepto; tiene asociados los conceptos de fuerza, poder, salud y longevidad. Así, el conjunto del proceso de la vida, el funcionamiento normal de las actividades vitales de un ser humano no depende más que de estas energías. Gracias a ellas, el alimento puede transformarse en energía; son ellas las que proporcionan la vida y la alegría de vivir. El masaje del bebé estimula los *agnis,* favorece la digestión, alivia la hinchazón de vientre o el estreñimiento. Es garantía de salud y refuerza el organismo; crea un «capital de salud» compuesto por energía, resistencia y fuerza vital.

LOS SIETE «TEJIDOS»

La palabra sánscrita *dhatus**, que suele traducirse por «tejidos», significa «sostener» o «alimento». Hay siete *dhatus*, relacionados unos con otros por transformaciones sucesivas.

El primero es la energía nutricia (*rasa)**; en un sentido amplio es todo lo que los cinco sentidos permiten experimentar y que nosotros conservamos: lo que vemos, lo que oímos, lo que sentimos, pero también lo que comemos, y lo que aprendemos, en una palabra, todo lo que de un modo u otro nos «nutre». Es la que proporciona la satisfacción.

El segundo corresponde a la sangre (*rakta)**, pero también a todo lo que es líquido y alimenta el cuerpo. Está relacionado con la calidad de la piel.

El tercero designa los músculos (*mamsa)**; está en el origen del crecimiento del cuerpo y le da su fuerza.

El cuarto se refiere a la grasa (*meda)**; su función principal es hacernos transpirar y proporcionar al cuerpo su condición oleosa y blanda.

El quinto designa los huesos (*ashti)** y, por analogía, todo lo que en nuestro cuerpo es sólido; permite construir su armazón así como sus productos de eliminación, los cabellos, las uñas y el pelo.

El sexto corresponde a la médula (*maja)** y se encuentra dentro de los huesos; es el sostén de la afectividad y el amor.

El séptimo, finalmente, corresponde a la semilla o tejidos seminales (*shukra)**; da a los hombres la capacidad de ser pacientes, la afectividad hacia las mujeres, y ayuda a la procreación de los hijos; se desarrolla en forma potencial en el feto y se manifiesta a partir de la adolescencia.

Más allá de este séptimo tejido se encuentra la luz, el aura, o la inmunidad (*ojas**). Impide la degeneración del cuerpo y el espíritu, que circula por todo el cuerpo y a su alrededor; es esta energía la que proporciona la belleza a la mujer, al niño la inocencia, al hombre la fuerza y también la personalidad propia a cada ser humano.

la influencia de los cinco elementos

El masaje se adapta a la constitución de cada niño, por eso pueden realizarse infinidad de variaciones. La constitución de una persona, su fundamento, su aspecto físico (morfología, puntos fuertes y débiles en materia de salud), su aspecto psicológico (rasgos de carácter, reacciones, emociones, sueños) y su aspecto sutil, con las variaciones debidas a las condiciones externas e internas, están determinadas por «humores»; tal es, al menos, la traducción algo ambigua del término sánscrito *doshas**.

Según el ayurveda, existen tres «humores», *vata** (o *vayu**), en el que predominan los elementos Éter y Aire; *pitta**, en el que predominan los elementos Fuego y Agua; *kapha**, en el que predominan los elementos Tierra y Agua. Cada ser humano tiene los cinco elementos en distintas proporciones: el Éter (*akasha**), *el Aire (vayu**), el Fuego (*agni**), el Agua (*jala**), y la Tierra (*prithvi**). Estas proporciones son las que le confieren su tendencia, su naturaleza profunda. Está continuamente en contacto con estos cinco elementos. Ahora bien, dichos elementos están en constante evolución. Por eso, el intercambio, el contacto y la fusión de nuestro ser con ellos modifica las relaciones de los elementos dentro de nuestro cuerpo. La humedad de la naturaleza aumenta en nosotros el elemento Agua, por ejemplo; si nuestro entorno está envuelto por personas irascibles, es decir, dominadas por el elemento Fuego, este influirá en nosotros haciendo que tengamos también accesos de ira o, al contrario, haciendo que tengamos una gran calma. Al comer, introducimos en el cuerpo cierta proporción de dichos elementos; cada vez que escuchamos a alguien, que leemos algo, captamos y absorbemos determinados elementos. (Véase también el apartado «Cinco elementos, cinco energías», p. 35.)

Tres «humores», tres naturalezas profundas

Sutil, ligera, fría y rugosa, *vata** es la energía que nos hace movernos, proporciona la velocidad y el movimiento; recorre el cuerpo y tiene la capacidad de penetrar en todas partes. Cuando tenemos un déficit de esta energía, nada avanza, todo se detiene y deja de producirse la eliminación de los desechos.

Cálida, ligera, deslizante y líquida, *pitta** es la energía luminosa que ayuda a desarrollar las facultades artísticas, así como la capacidad matemática y científica. Es la que provee la transformación y la inteligencia. Fría, pesada, lenta, densa y estable, *kapha** confiere la estructura; crea personas con las que se puede contar, con voz suave y agradable, dueñas de una gran estabilidad y una buena «toma de tierra».

El «capital de salud» y los desequilibrios

Cada ser humano está, pues, determinado por su constitución; esta noción se vincula con la concepción y el nacimiento de una persona. La naturaleza de un individuo (*prakruti**), la proporción de «humores» (*doshas**) que existe desde su nacimiento es inmutable, está ligada a sus padres y a las circunstancias de su concepción. Esa es su «base», el estado en que se encuentra cuando goza de buena salud.

En un momento dado, podemos experimentar el desequilibrio (*vikruti**) de nuestros «humores» debido a la influencia del medio externo –las estaciones, el ambiente, la alimentación o el entorno– e interno –los estados emocionales, el entusiasmo o la ira–. Según su constitución, cada cual reaccionará de una forma específica a este desequilibrio. Esta noción nos hace comprender de qué modo, aun antes del nacimiento, el niño y sus padres están vinculados por un lazo poderoso y sutil; igualmente nos aclara la importancia de la preparación física y emocional de los padres y subraya su gran responsabilidad para con los hijos.

¿Su bebé es *vata, pitta* o *kapha*?

Es posible saber si en un bebé predomina la energía *vata**, *pitta** o *kapha**; si nos fijamos en su esencia, se puede adaptar el masaje en función de cada niño.

Si el bebé es regordete, apacible e indolente, si tiene el cuerpo flexible y el sueño profundo, su constitución básica es más bien *kapha*.
Si tiene problemas relacionados con la otorrinolaringología, si vomita mucosidades, su desequilibrio actual es *kapha*.
Para combatir y equilibrar el exceso de pesadez, hay que aportarle ligereza. Al bebé le gustará que se le dé un masaje rápido, que incluya cambios de ritmo, realizado con aceites o con harina de garbanzos.

Si el bebé tiene los cabellos finos, la piel bastante rojiza y cálida, si transpira con facilidad y tiene hambre con frecuencia, es más bien *pitta*. Si tiende a tener problemas de piel, si sus nalgas están enrojecidas, si tiene deposiciones amarillas o tendencia a las diarreas, si es sensible a la luz, está en este momento en una condición *pitta*. Para calmar el exceso de calor, hay que aportarle frescor, por medio de la atmósfera externa o de la alimentación. Al bebé le gustará un masaje efectuado con aceite ligeramente tibio, con propiedades calmantes.

Si el bebé es delgado, delicado, si tiene la piel seca y fría, si es friolero, si se mueve mucho y tiene el sueño ligero, si es nervioso y se asusta fácilmente, si sus ojos son muy móviles, es más bien *vata*. Si está estreñido o tiene dolor de vientre, si por momentos está inquieto, está actualmente *vata*. Para luchar contra un exceso de sequedad, se equilibra con una sustancia grasa, es decir el aceite. El bebé agradecerá un masaje lento, profundo y regular, realizado con aceite bien caliente.

Lo que la madre transmite a su hijo

El vínculo entre una madre y su bebé está especialmente presente en el momento de amamantarlo. Gracias a la noción de esencia (*prakruti**), es posible comprender los pequeños trastornos fisiológicos de un lactante.
Por ejemplo, una madre que por su estado en ese momento o por su alimentación, muestra un predominio de uno de los «humores» (*doshas**) producirá una leche a su imagen. El bebé absorberá, en cierto modo, el estado de su madre, que está tranquila, tensa, dulce o irritada. Y si el bebé tiene a menudo problemas de nariz o de garganta, puede ser que su madre dé muestras de un exceso de *kapha**; en ese caso, puede tratar de comer de otra manera o de evitar alimentos demasiado grasos o fríos, pero es igualmente importante que observe sus propios sentimientos y calme sus nervios. Aquí radica el poder y la sutileza de la lactancia materna.
Este ejemplo práctico, si bien es negativo, es fácil de comprender. De la misma manera, todo aquello que consideramos bueno puede transmitirse por los vínculos, a través de la leche. Esto también muestra lo que llamamos «darse uno mismo», así como la importancia de la consciencia y la preparación de los padres, en todos los niveles de su ser, para recibir a ese bebé que va a nacer en las mejores condiciones.
Para un niño, el alimento esencial es la leche materna. Pero, ante todo, necesita un alimento afectivo, necesita amor, protección, seguridad, una presencia real viviente. Y esto es el masaje.

preparararse a fondo

todo empieza mucho antes del nacimiento

El masaje del bebé empieza un año antes de que nazca. En efecto, la época anterior a la concepción es especialmente importante en el aspecto físico, afectivo y emocional. Por eso, en primer lugar, es la futura mamá quien recibirá masajes, incluso antes de quedarse embarazada.

Estos masajes, llamados «preconcepción», tienen el objetivo de prepararla tanto a nivel físico como emocional; en esta etapa, se le da la posibilidad de eliminar todos los pequeños desórdenes, refuerzan su cuerpo, lo flexibilizan para que pueda acoger en las mejores circunstancias a su precioso invitado. Ayudan igualmente a ir siendo consciente poco a poco de su nueva función de madre. Y el padre no queda anulado. Los masajes, al eliminar las tensiones, al favorecer el bienestar y la salud en un sentido amplio, preparan también al hombre para su futura paternidad.

Purificar el cuerpo

Un masaje tónico se efectúa con una mezcla de sal, aceites ayurvédicos y yogur. Purifica y limpia la piel a fondo, como si fuese un *peeling*. Los movimientos del masaje siguen trayectos específicos que facilitan la eliminación de las tensiones y las toxinas y, en el conjunto del organismo, activan la circulación sanguínea, energética y linfática. En sánscrito, este masaje se conoce como *udgharshana**; puede ir seguido de un masaje con aceite (*abhyanga**), que suaviza y nutre el cuerpo.

Eliminar las tensiones

Se puede realizar un masaje corporal con miel. Las manos adoptan una posición y movimientos especiales, que producen un efecto ventosa; la miel, que constituye uno de los principales remedios utilizados en ayurveda, nutre los tejidos; los movimientos que se realizan dan la posibilidad de desalojar las tensiones de la piel y los músculos **1-2**.

Crear una atmósfera delicada

El masaje practicado con una pluma de pavo real es verdaderamente asombroso. La pluma sustituye a la mano y roza el cuerpo siguiendo unas sendas precisos; este masaje, sumamente sutil, alcanza la profundidad y sumerge a la futura madre en una atmósfera delicada. En la India, este masaje lo practican personas muy experimentadas; se llama *mayurpinchh samvahana**.

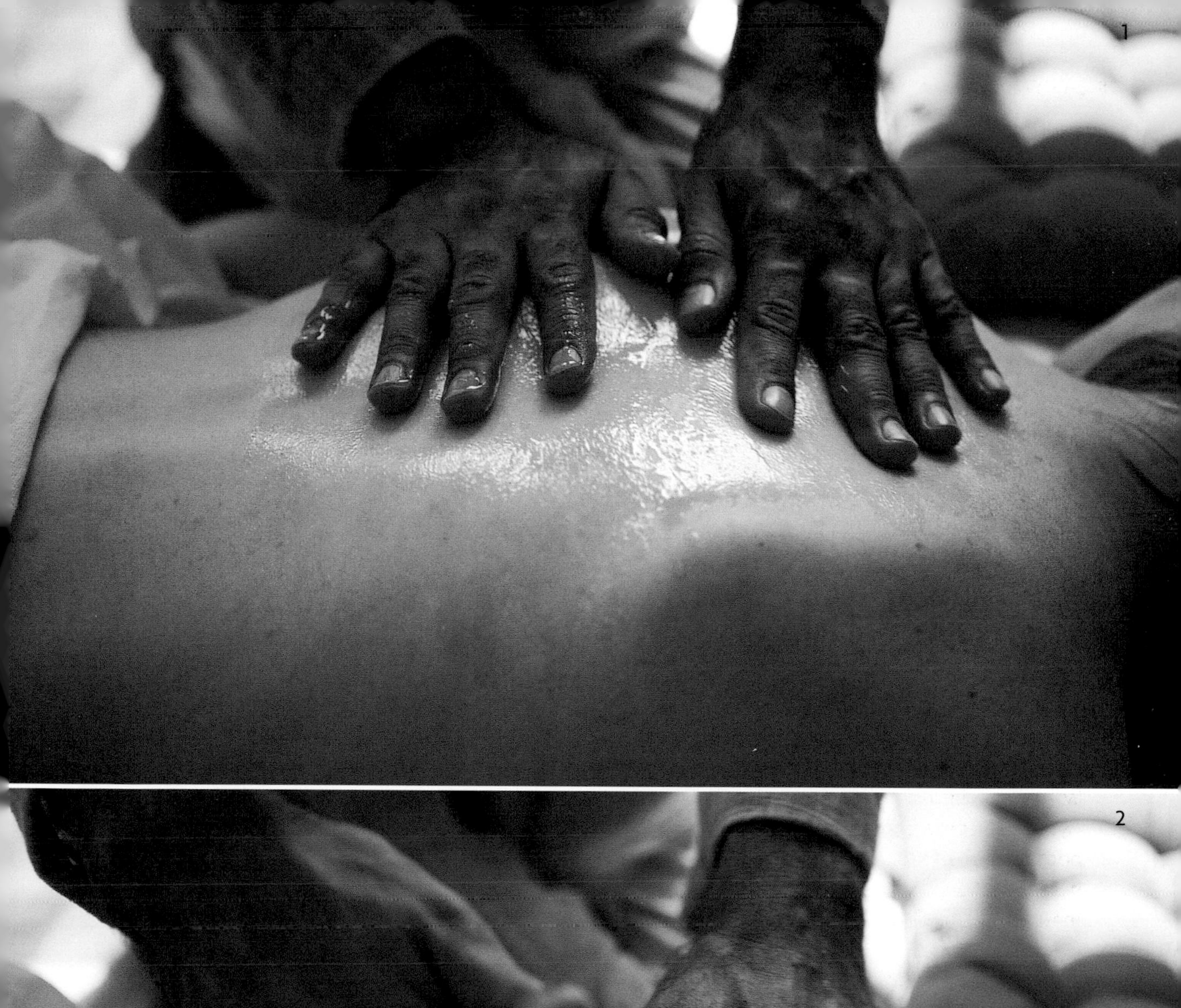
1

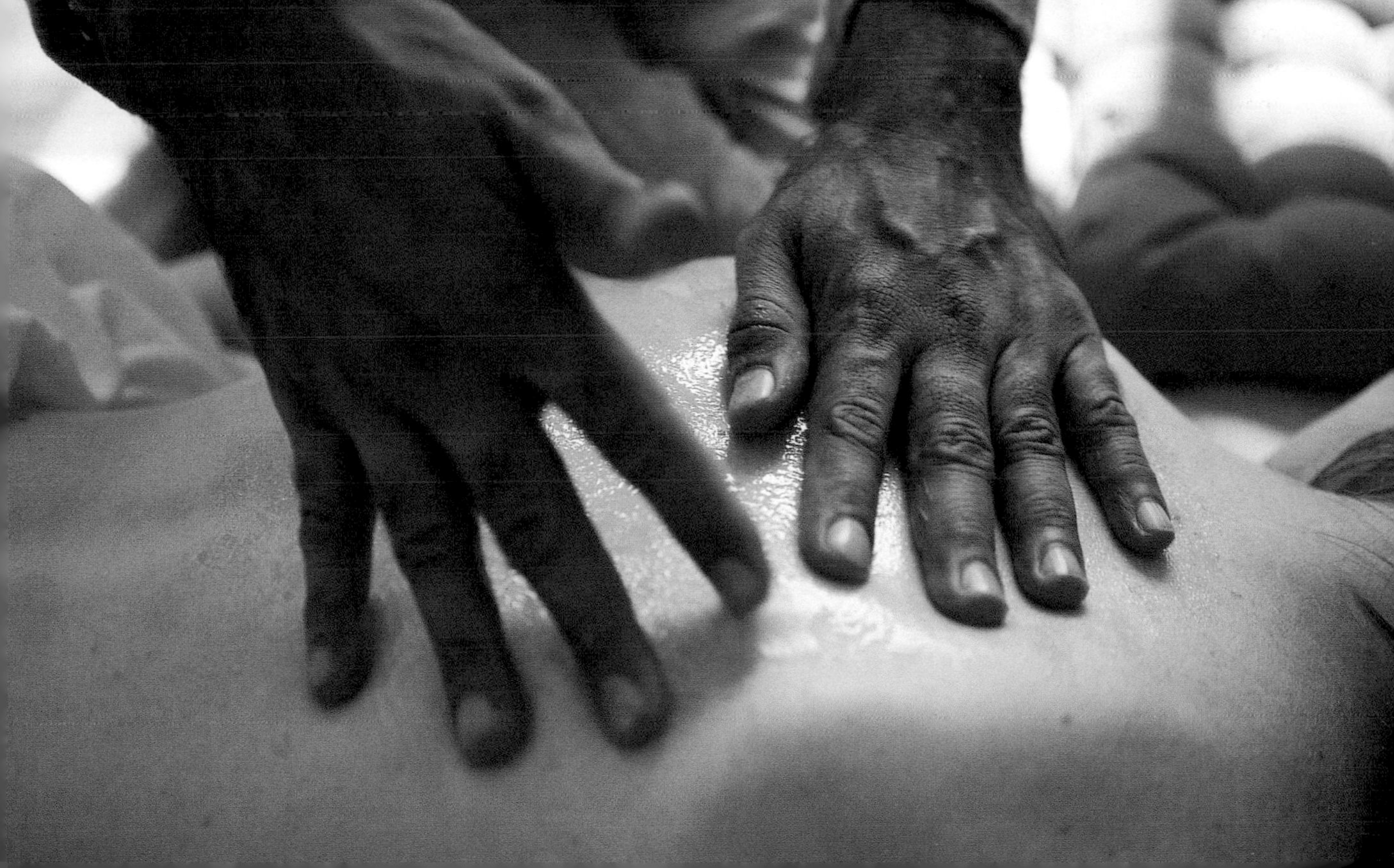
2

Otros masajes

Muchos de los masajes ayurvédicos pueden realizarse antes de la concepción; por ejemplo, el masaje de los pies con un pequeño cuenco (véase p. 44) o el masaje con harina de garbanzos. Se efectúan con variantes adaptadas a este período y según el estado de ánimo particular.

El masaje mediante el yoga

En el masaje por medio del yoga, el masajista coloca a la mujer –o al hombre– en posturas de yoga.
La persona que recibe el masaje no hace entonces ningún esfuerzo directo, pero acompaña todos los movimientos con la respiración. Hay dos posturas especialmente beneficiosas: la fetal y la de torsión.

La postura fetal

Cuando la joven está estirada sobre la espalda, levantar una de sus piernas hasta la vertical **1**, doblarla sobre el pecho **2**, y mantenerse así durante doce respiraciones completas. Desdoblar suavemente la pierna, manteniendo bien su eje. Repetir lo mismo con la otra pierna, y después con las dos piernas a la vez, dejando siempre un tiempo de reposo para relajación entre cada fase y la siguiente.
Esta postura se llama *pavanamuktasana**; *pavana* significa «vientre», y *muktasana* «que libera». Es una postura fundamental en yoga, actúa sobre el bazo, el páncreas y los demás órganos de la región abdominal, así como sobre la base de la espalda, el diafragma y los pulmones; elimina igualmente los gases intestinales. Es una postura tan sencilla y dotada de tanta eficacia que la naturaleza parece haberla destinado de manera especial para preparar a la mujer traer al mundo un bebé.

La postura de torsión

La mujer está estirada sobre la espalda, con los brazos en cruz o bajo la nuca. Levantar sus piernas hasta la vertical. Doblarlas sobre el pecho y deslizar las rodillas hacia su derecha, cuidando de que no levante el hombro izquierdo **3**. Sostener bien las rodillas para que la postura resulte cómoda y hacerla respirar. Volver a levantar las piernas hasta la vertical. Repetir el movimiento con el otro lado.
Esta postura, llamada *jathara parivartanasana*, es excelente para la columna vertebral; hace trabajar el diafragma, las costillas y el plexo solar, así como todos los órganos de la región abdominal. Facilita la respiración torácica.

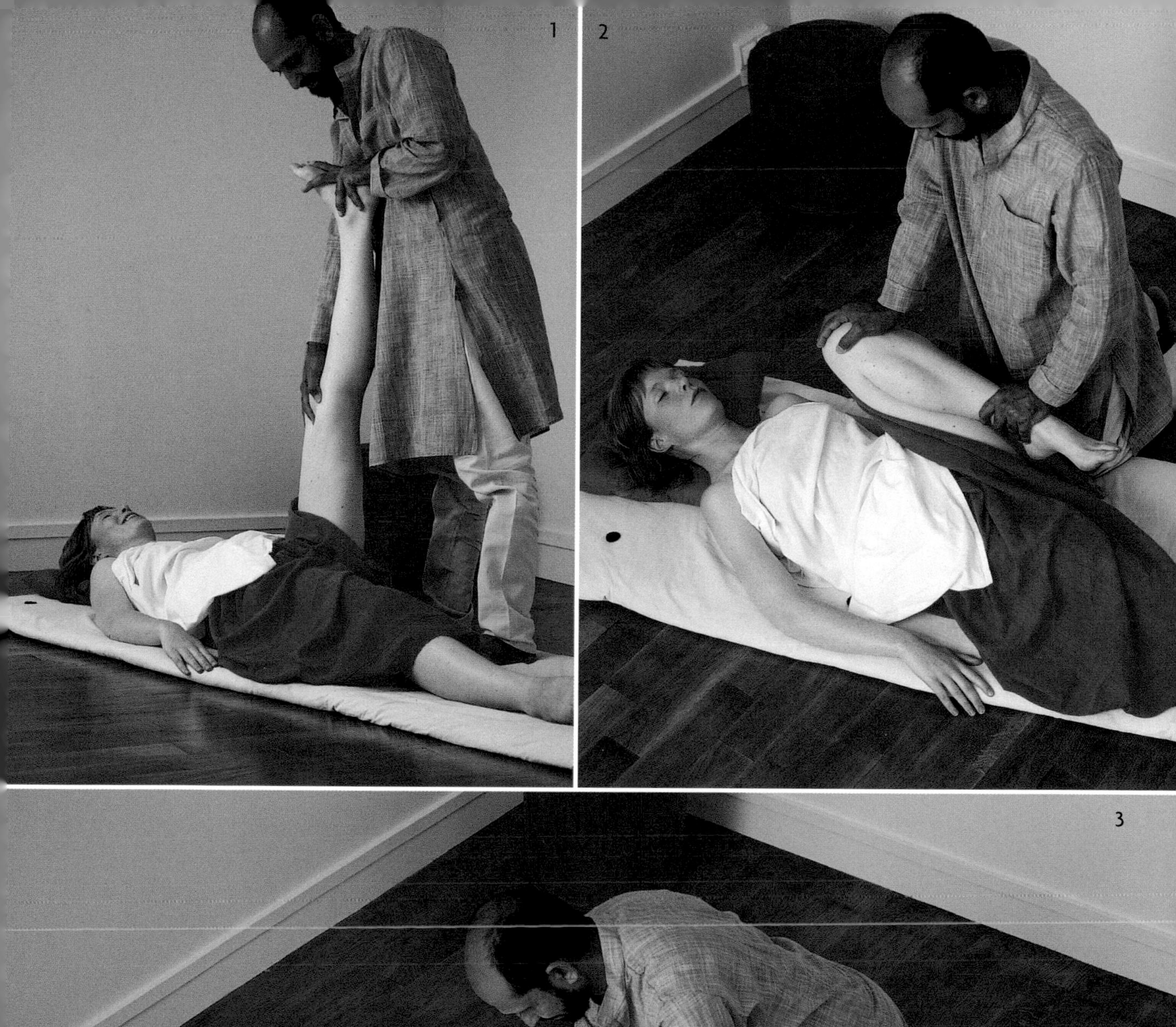
1
2

3

esperando al bebé

A partir del tercer mes de embarazo, la futura madre puede recibir masajes específicos que la ayudarán a sobrellevar las alteraciones fisiológicas y psíquicas que experimentará, procurándole una atmósfera de suavidad y atención. Aportarán relajación a su cuerpo, así como un bienestar y armonía general. Vivir estos momentos en las mejores condiciones posibles es el más hermoso regalo que se puede ofrecer a un niño y a su madre.

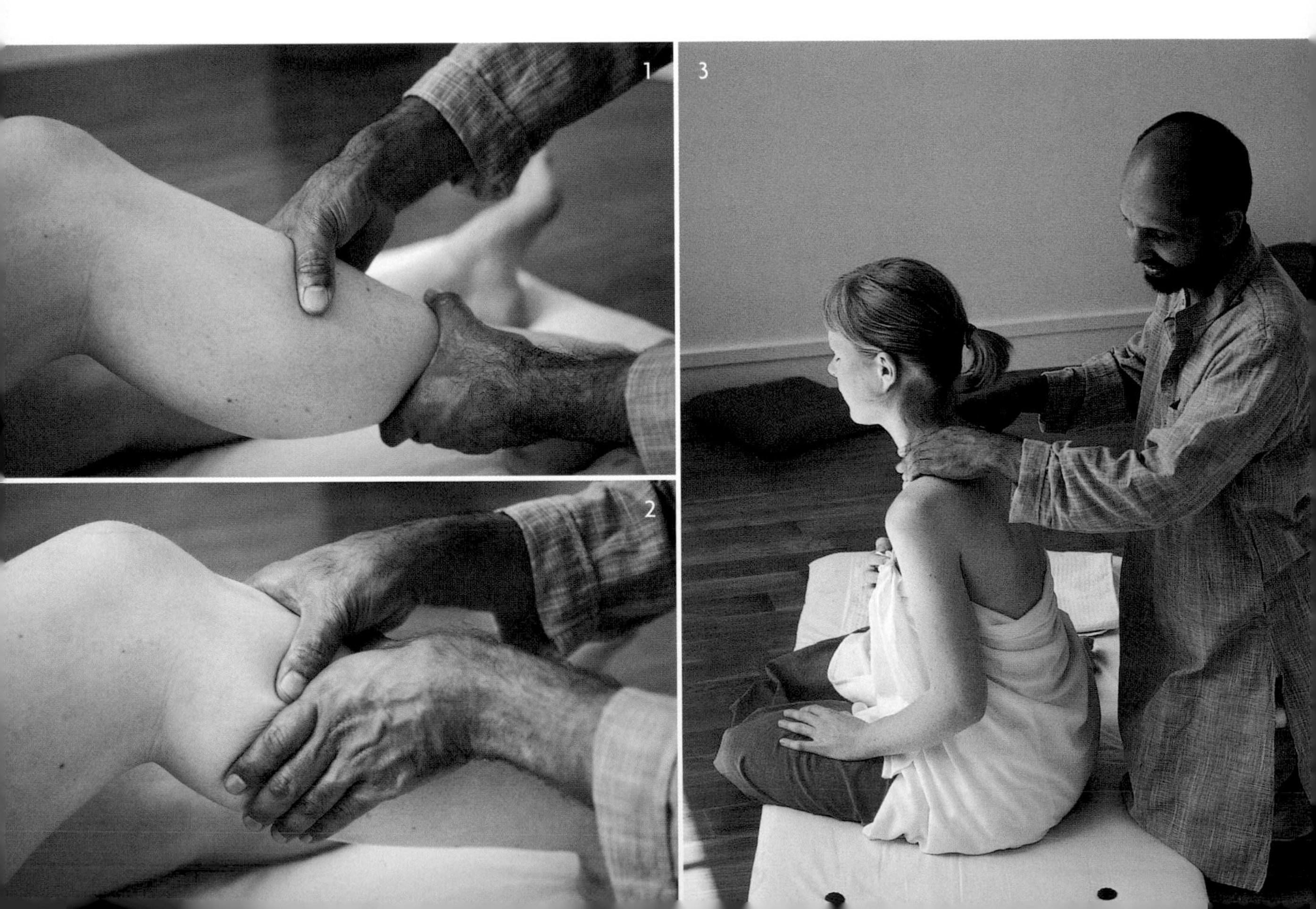

En confianza

Durante el embarazo, se evita estimular la energía de expulsión (*apana vayu**), que perturbaría al feto. Así pues, el masaje prenatal necesita una extrema sutileza por parte del masajista; se recomienda de manera especial recurrir a una persona cualificada, que conozca todas las posibles contraindicaciones. Por otra parte, es verdaderamente un «masaje de tres»; ha de crearse un clima de confianza entre la futura mamá, el bebé y el masajista.

Al final del tercer mes

El masaje a una mujer embarazada se inicia cuando ha cumplido el tercer mes. En efecto, el primer trimestre es una etapa para fijar el feto; por eso es preferible que el cuerpo se adapte sin intervención externa. Durante el embarazo, el masaje en los pies, las manos y el rostro se dará con mucha prudencia.

Las piernas y la espalda

En el segundo trimestre, el masaje se orienta más hacia las piernas y la espalda, cuyo esfuerzo se requiere en mayor medida por el cambio en el punto de gravedad, el aumento de peso y la modificación de la circulación sanguínea.

Los movimientos son suaves y envolventes. Ya ha pasado el tiempo de eliminar mediante un trabajo a fondo; esto se ha hecho antes de la concepción. Se trata sencillamente de apaciguar, de relajar de manera imperceptible las diferentes partes del cuerpo: las pantorrillas **1-2** y los muslos, los hombros y la parte alta de la espalda **3-4**, la región lumbar **5** y el sacro. Para ello, la futura mamá está sentada o estirada de medio lado **6-7** (p. 34), en la posición que le resulte más cómoda.

4

5

Los senos y las caderas

En el tercer trimestre, dar masaje a los senos prepara para la lactancia y ayuda en el aumento de volumen del pecho. El masaje de las caderas en determinadas posiciones flexibiliza la pelvis. Durante las últimas semanas, dar masaje a los pies con un pequeño cuenco (véase p. 44) puede provocar el inicio del parto.

Todo listo

El conjunto de prácticas ayurvédicas prodigadas durante el embarazo se enfoca principalmente a brindar a la madre y al bebé nueve meses de felicidad y bienestar. Es, pues, una forma indirecta de procurar un parto fácil; una mujer embarazada que ha recibido masajes con regularidad ha integrado lo esencial; se ha reforzado, tanto en el plano físico como en el psicológico. En el momento del nacimiento ya no es necesario intervenir con el masaje. El trabajo se ha realizado durante el transcurso de ese tiempo hasta llegar al parto. En cambio, las acciones del futuro padre –o de una persona querida, en quien se tenga confianza– son una ayuda muy valiosa por la presencia y seguridad que aportan.

EN FAMILIA

Durante todo el embarazo, debe preservarse la intimidad del núcleo familiar. Por eso, el padre o la madre son quienes dan masaje en el vientre, de manera muy suave. Los hermanos mayores pueden hablar al bebé o posar su mano en el vientre de la madre.

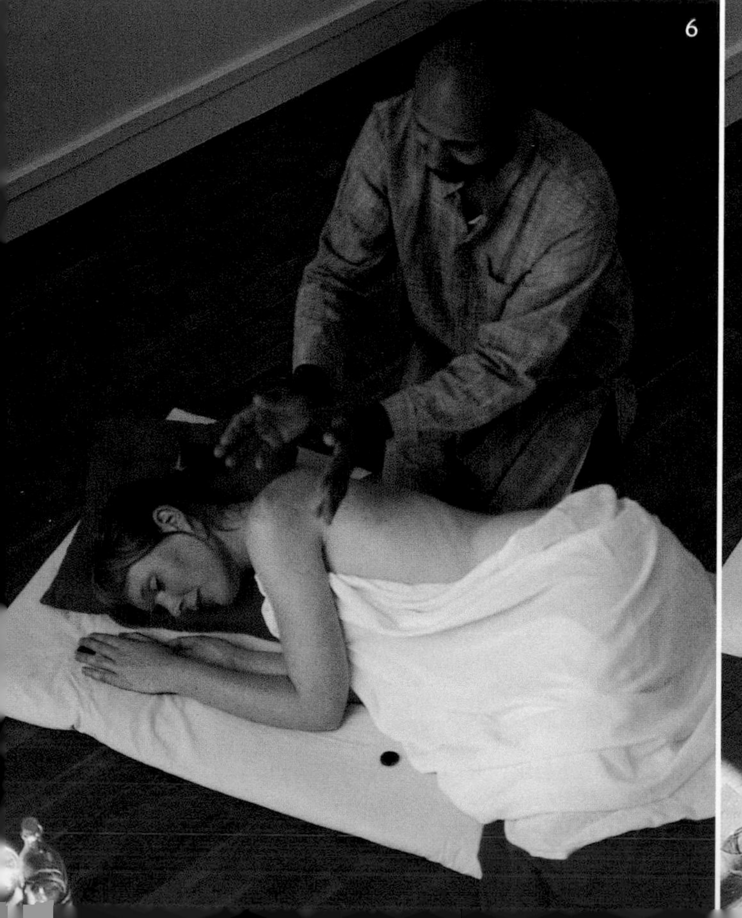

6

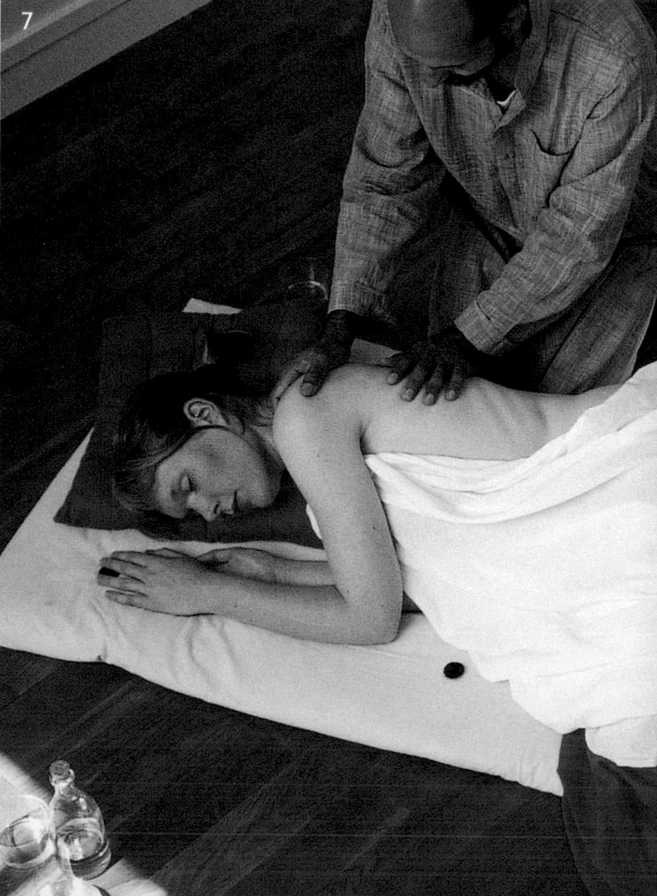

7

estar cerca de los elementos

Una de las prácticas principales del ayurveda consiste en mantener el contacto con los cinco elementos: Éter, Aire, Fuego, Agua y Tierra. Este es un consejo muy valioso si se quiere mantener una vida emocional equilibrada y una mente serena y fuerte. Por eso es una forma excelente de prepararse para dar masajes al bebé.

Meditar

El Éter (*akasha**), el más sutil de todos los elementos, se encuentra en las vibraciones de los cánticos sagrados, en las volutas de incienso y en la presencia de un gran maestro espiritual. Medite y lea textos que le inspiren.

Respirar aire puro

Los beneficios del elemento Aire (*vayu**) pueden abarcarse mediante el aliento y el dominio de la respiración profunda. Pasee por donde el aire sea puro o practique respiraciones de yoga; contribuye a mejorar el equilibrio afectivo. El pensamiento está ligado al aliento y a la respiración. Por eso, los lugares en que el aire es puro, no contaminado, irán recargando sus energías poco a poco.

Al sol

La presencia del elemento Fuego (*agni**) influye de manera positiva en el plano afectivo y disuelve las tensiones. Encienda fuego en la chimenea, contemple una vela, dé un paseo al sol.

Bañarse

El Agua viva (*jala**), que corre y que brota, tiene una buena influencia en el estado de ánimo; regenera el cuerpo y arrastra consigo los problemas de la vida cotidiana. Una ducha después de una jornada de trabajo, un baño en el mar, meter los pies en el agua fresca de un riachuelo, son beneficios sencillos pero inestimables.

Caminar

Igual que sucede con la electricidad, tener una toma de tierra disminuye las tensiones y canaliza una energía o una emoción negativa hacia el suelo. Para estar en contacto con el elemento Tierra (*prithvi**), camine por la naturaleza, trabaje en el jardín, tire piedras al agua o haga cualquier trabajo manual.

CINCO ELEMENTOS, CINCO ENERGÍAS

Según el ayurveda, todo es energía. Esta energía se manifiesta en la Tierra en forma etérica (el elemento Éter); es la energía del espacio, del cosmos, una energía impalpable, omnipresente, fuera del tiempo. Al condensarse, a pesar de que sigue siendo invisible, se convierte en la energía dispersa del gran elemento: Aire; es lo que nos rodea, lo que es móvil, ligero, sutil, transparente. Al condensarse aún más, se convierte en la energía del Fuego; es la energía de la luz, ascendente, visible pero intangible, cálida, irradiante y brillante. Después aparece el elemento Agua; la energía es fluida, se ve y se toca pero aún no tiene forma propia y adopta la forma de aquello que la contiene. Permanece flexible, fresca y pesada. Es descendente. Por último, se manifiesta el elemento Tierra; es la materia, lo estable, la estructura y la rigidez; es también la inmovilidad, la inercia o la energía potencial.

una sesión de yoga con el bebé

El yoga es una disciplina tradicional completa que, en su forma más conocida, incluye posturas (*asanas**) y respiraciones (*pranayama**). Proporciona calma al espíritu y salud al cuerpo. Puede realizar unos cuantos ejercicios sencillos con su bebé; no le llevará más de unos quince minutos y ambos saldrán beneficiados.

El bebé apoyado en el vientre

Estírese sobre la espalda, con las piernas dobladas y las plantas de los pies en el suelo. Pose las manos en el bebé, que está apoyado en su vientre **1**. Cierre los ojos y sea consciente tranquilamente de su respiración abdominal. Con la inspiración, el vientre se eleva ligeramente; con la espiración, el vientre baja y mece al bebé al ritmo regular de su respiración.

El bebé apoyado en el pecho

Suba al bebé hasta colocarlo sobre el pecho. Levante ambas piernas hasta la vertical y permanezca así unos instantes **2**. Sentirá que se vuelven más ligeras. Luego, doble las piernas sobre el tórax, separándolas para proteger los senos además de al niño **3**. Sujete las rodillas con las manos y mézase suavemente hacia derecha e izquierda; este movimiento es un masaje para la espalda, las lumbares y el sacro, y el bebé vuelve a disfrutar del balanceo. Relaje las piernas y pose las plantas de los pies en el suelo. Una vez más, sea consciente de su respiración. Este ejercicio proporciona una buena relajación en la parte baja de la espalda.

3

El bebé sobre las piernas

Coja de nuevo el bebé en los brazos, enderécese y adopte la posición sentada. Si, tras el parto, su musculatura es aún frágil, tenga la precaución de ponerse de costado para enderezarse despacio y con suavidad. Con las piernas juntas y estiradas hacia delante, vuelva a estirar al bebé sobre las piernas, frente a usted, mirándose a los ojos. La pelvis oscila, está sentada en la «punta» de las nalgas. Al inspirar, levante los brazos hasta la vertical. Junte las palmas de las manos, estire la columna vertebral manteniendo los hombros bajos y relajados **4**. Luego suelte los brazos mientras espira. Repita la postura tres veces, sincronizando bien movimiento y respiración. Este ejercicio proporciona un buen estiramiento de la columna vertebral.

El bebé debajo

Colóquese a cuatro patas. Deje al bebé en el suelo, entre sus manos separadas a la anchura de los hombros y las piernas separadas a la anchura de las caderas. Inspire poco a poco. La parte baja de la espalda se arquea, va sintiendo el movimiento hasta las cervicales y por último levante la cabeza **5**. Luego, haga una espiración larga; sea consciente de la base de la espalda, de la oscilación de la pelvis, encorve las dorsales, arqueando al máximo la espalda, meta ligeramente la cabeza hacia dentro, dirigiendo la barbilla hacia el esternón **6**.
Repita varios ciclos, sincronizando el movimiento de la espalda y la respiración. Sea consciente del automasaje del conjunto de toda la espalda y de la flexibilidad de la columna vertebral mientras sigue mirando al bebé.

4

6

7

8

9

10

Estiramiento

Realice la contrapostura del ejercicio anterior. Acerque despacio las nalgas hacia los talones y estire suavemente la espalda, con los brazos estirados ante usted. Su rostro roza al bebé.
Enderécese muy lentamente, estirando poco a poco la espalda **7-8-9**.

Con las piernas cruzadas

Siéntese con las piernas cruzadas durante unos instantes; coloque al bebé en el hueco de las piernas. Cierre los ojos. Sienta el aliento que entra y sale por las fosas nasales, sienta el frescor del aire en la inspiración y el calor en la espiración. Luego, lentamente, abra los ojos **10**.

la relajación profunda

Después del parto, el cuerpo y el espíritu de una joven madre a menudo están cansados y necesitan reposo y distensión. La ciencia milenaria del *yoga nidra**, o «relajación profunda», el antepasado de la sofrología, es una práctica especialmente beneficiosa en esta época de la vida, ya que va a necesitar toda su fuerza y atención para dar al niño los cuidados y la seguridad que necesita. He aquí una sesión completa que puede realizarse en presencia del bebé.

Instalarse

Estírese cómodamente en el suelo, con el bebé colocado a su lado. Elija un momento en el que esté tranquila, a solas con su hijo, que a su vez va a disfrutar de esos momentos para descansar y, tal vez, quedarse dormido. Separe ligeramente los brazos y las piernas; está en la postura del gran reposo (*shavasana**). Si siente tensión en la parte baja de la espalda, doble las piernas con las plantas de los pies en el suelo, de modo que las lumbares estén pegadas al suelo y la posición de la cabeza sea una prolongación de la columna vertebral.
Tranquilamente, cierre los ojos y apoye el peso del cuerpo en el suelo.

Respirar

Deje que sus respiraciones se vuelvan naturales y profundas, sin intentar controlar nada; encuentre su propio ritmo. Manteniendo la más total inmovilidad, relaje un poco más cada uno de sus músculos y nervios. Permanezca despierta, acérquese cada vez más al estado de sueño pero sin dormirse.

Tomar una decisión

Ahora puede tomar interiormente una decisión positiva (*sankalpa**) que, al asumirla en este nivel de consciencia profunda, le ayudará a transformar o a mejorar algo en su cuerpo o en su carácter, le permitirá adquirir y desarrollar más calma, gozo y amor. Esta decisión positiva puede referirse a su bebé, a alguno de sus familiares, a toda la humanidad o a usted misma.
Repita la decisión que ha tomado y que desea llevar consigo. He aquí algunos ejemplos: «Estoy más en calma cada día y mi bebé crece en armonía» o «Mi reposo es regenerador y me siento cada vez más descansada y fuerte para dedicarme a mi bebé».

Ser consciente del cuerpo

Va a realizar ahora lo que se denomina «rotación de la consciencia». Sin moverse, intente ser consciente de cada parte de su cuerpo; consciente del dedo gordo del pie derecho, luego del segundo, del tercero, cuarto y quinto dedos de la derecha, consciencia del tobillo derecho, de la pantorrilla, de la rodilla, del muslo y de la nalga, después de la cadera y del costado hasta la axila, del hombro, el brazo, el codo, el antebrazo, la muñeca, la mano y cada uno de los dedos, el pulgar, el índice, el corazón, el anular y el meñique. Sea consciente del conjunto de su lado derecho. Repítalo con el lado izquierdo. Sea consciente de su pie derecho, de cada uno de los dedos del pie y luego del tobillo, la pantorrilla, la rodilla, el muslo, la nalga, la cadera, del costado hasta la axila, del hombro, el brazo, el codo, el antebrazo, la muñeca, la mano y cada dedo –el pulgar, el índice, el corazón, el anular y el meñique–. Sea consciente del conjunto de su lado izquierdo. Después, tome consciencia de los dos lados a la vez.

La espalda, la nuca y el rostro

Sea consciente del conjunto de su espalda: la base, el centro, la parte alta, los dos omóplatos y las dos nalgas. Toda la espalda está totalmente relajada en el suelo. Tome consciencia de la nuca, del peso de la cabeza, de la parte más alta de la cabeza, luego relaje la frente, relaje bien los ojos bajo los párpados, la nariz, las dos aletas, sea consciente del aire que entra y sale por las fosas nasales –la inspiración, la espiración, la inspiración, la espiración...–. Luego, sea consciente de la zona de la boca, de la barbilla, la garganta, el pecho, el centro del pecho, a la altura del corazón. Sienta el calor de este espacio. Medite acerca de este espacio infinito de su corazón.

El cuerpo completo

Tome consciencia de la totalidad de su cuerpo. Poco a poco, centre su atención en la respiración, lenta, natural y profunda; después, tome consciencia de todo su cuerpo, de su peso sobre el suelo; por último, realice una inspiración profunda y espire lentamente.

El final de la sesión

Tranquilamente, vuelva a la consciencia de la superficie; mueva los dedos de los pies y de las manos, la cabeza y bostece, vuelva a tomar consciencia de su posición y de la del bebé que está a su lado. Lentamente, abra los ojos y siéntese. Observe y saboree su energía nueva; después, estírese tranquilamente.

¿QUÉ ES EL *YOGA NIDRA**?

Yoga es el trabajo de la armonía, de la unión de nuestras diferentes energías para llegar, de manera profunda, a nuestro propio equilibrio; es la elevación de la consciencia. *Nidra* es el nombre de la diosa del sueño. *Yoga nidra* es el arte de cambiar de estado de consciencia, de relajarse de manera cada vez más profunda, de permanecer en el filo que separa el estado de vigilia del estado de sueño; es el arte de permanecer al borde del sueño; es el dominio del sueño. El reposo es regenerador, la fatiga se desvanece, los pensamientos se apaciguan, las ideas oscuras levantan el vuelo y se van, solo quedan la concentración y la actitud vigilante. El *yoga nidra* es una excelente práctica para todos y puede realizarse en todos los momentos de la vida.

automasaje y masaje en los pies

Darse masaje a uno mismo es un beneficio del que se puede disfrutar de un modo muy sencillo en todo momento. Es un tiempo de dulzura que hay que concederse de vez en cuando. Si tiene la posibilidad, haga que le practiquen masajes también en los pies; es un modo extraordinario de relajarse y recuperar dinamismo si le falta energía.

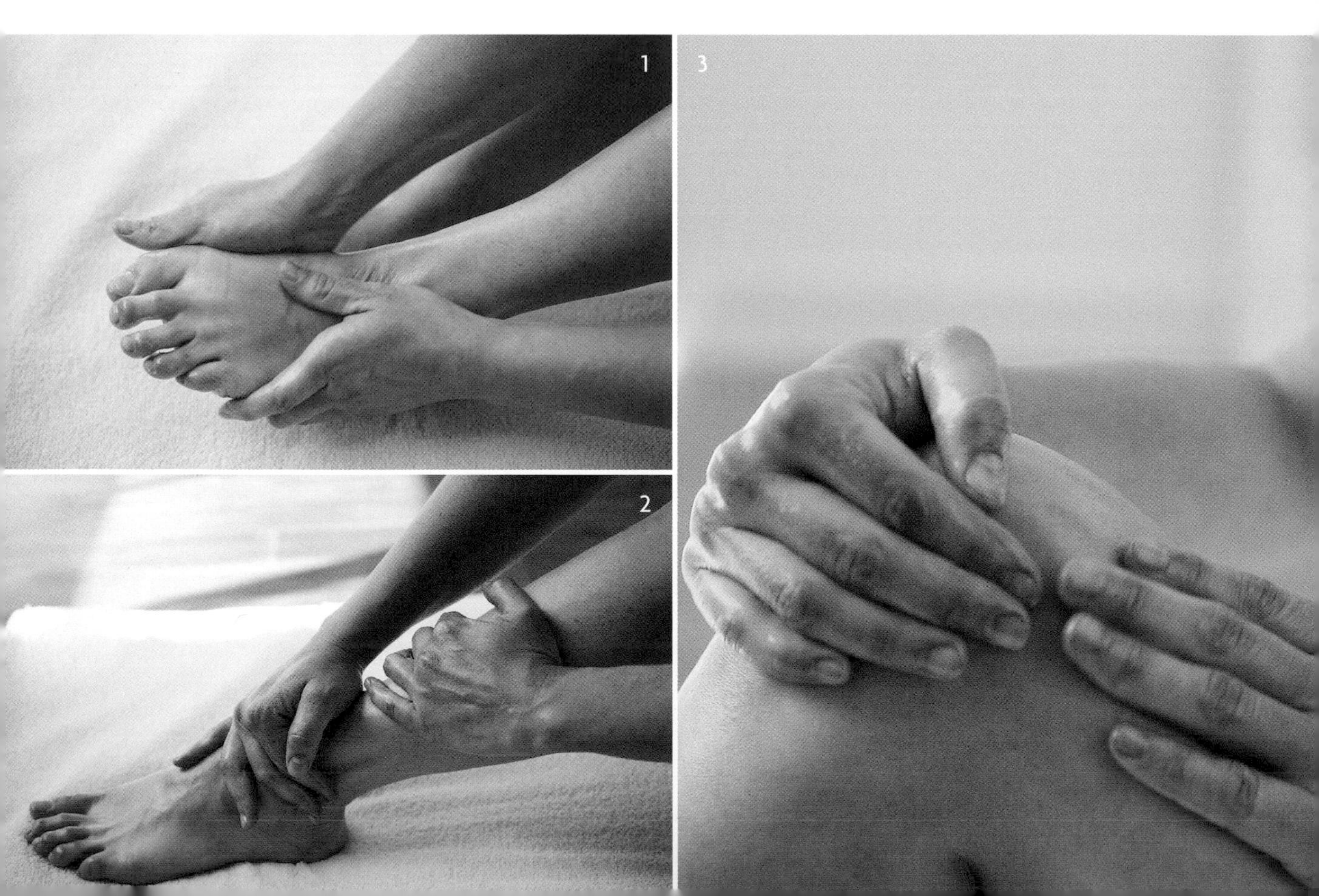

Un momento para uno mismo

Tómese unos minutos para usted misma, antes o después de la ducha o el baño. Colóquese en el suelo, en una habitación caldeada. Póngase una gota de aceite de sésamo en el ombligo, en las aletas de la nariz y en las orejas, así como en cada dedo de las manos y de los pies. Dé masaje a cada uno de los dedos de los pies, insistiendo en las uñas y las yemas de los dedos. Haga lo mismo con los dedos de las manos. A continuación, póngase un poco de aceite en las articulaciones: los tobillos, las rodillas, las caderas, los hombros, los codos, las muñecas y la nuca; realice un masaje con movimientos circulares suaves.

Si dispone aún de veinte minutos más, unte con el aceite todo su cuerpo: las piernas, las nalgas, la parte baja de la espalda, toda la espalda hasta donde alcance, los brazos, el vientre y el pecho, y termine por el cuello, el rostro y la cabeza. Los movimientos son bastante dinámicos.

Trate de que el aceite tibio penetre lentamente por cada poro de la piel. Explore cada parte del cuerpo, si lo desea con los ojos cerrados, y localice los relieves, las texturas, las temperaturas de la piel, los puntos dolorosos.

Intente saborear ese momento durante el cual el cuerpo está al aire libre y la piel, desnuda, respira. Estírese y descanse, procurando conservar el calor.

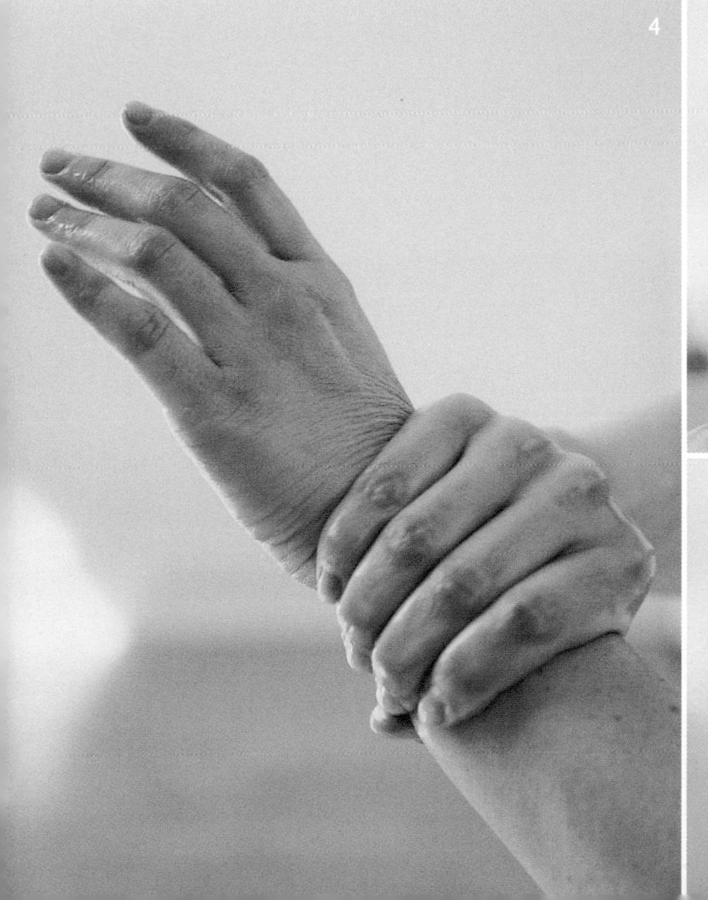
4

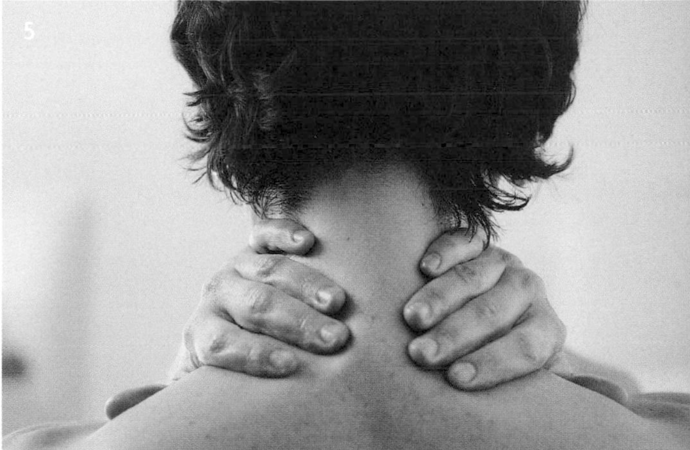
5

6

Recibir masaje en los pies

Si tiene la posibilidad, pida que le den un masaje en los pies con un *kansu**; es un cuenco pequeño hecho con una aleación de cinco metales que se utiliza para este fin. También se usa lo que se conoce como *ghee** –mantequilla diluida– para practicar este masaje que se centra en todos los puntos reflejos del cuerpo y equilibra el elemento Fuego.

El masajista unta el pie con *ghee*, lo relaja un poco dando masaje a la planta, las articulaciones y los dedos **1-2**. Después, pone el *kansu** en la planta y dibuja círculos, símbolos del infinito (∞) y líneas rectas; explora toda la superficie cambiando la presión y la intensidad durante al menos 10 minutos en cada pie, manteniendo el contacto entre el cuenco y el pie de la persona que recibe el masaje **3-4**. Este contacto es único y excepcionalmente suave, y su efecto es muy poderoso: el sueño se vuelve más fácil y profundo, los ojos descansan, el cuerpo está relajado.

Precaución: este masaje no debe practicarse a una mujer embarazada o a un niño muy pequeño.

A PARTIR DE LOS TRES AÑOS

En la India, a partir de los tres o cuatro años, el niño da masaje en los pies a sus padres o a sus abuelos mientras ellos le cuentan historias, cuentos y leyendas, o le muestran los grandes textos sagrados.

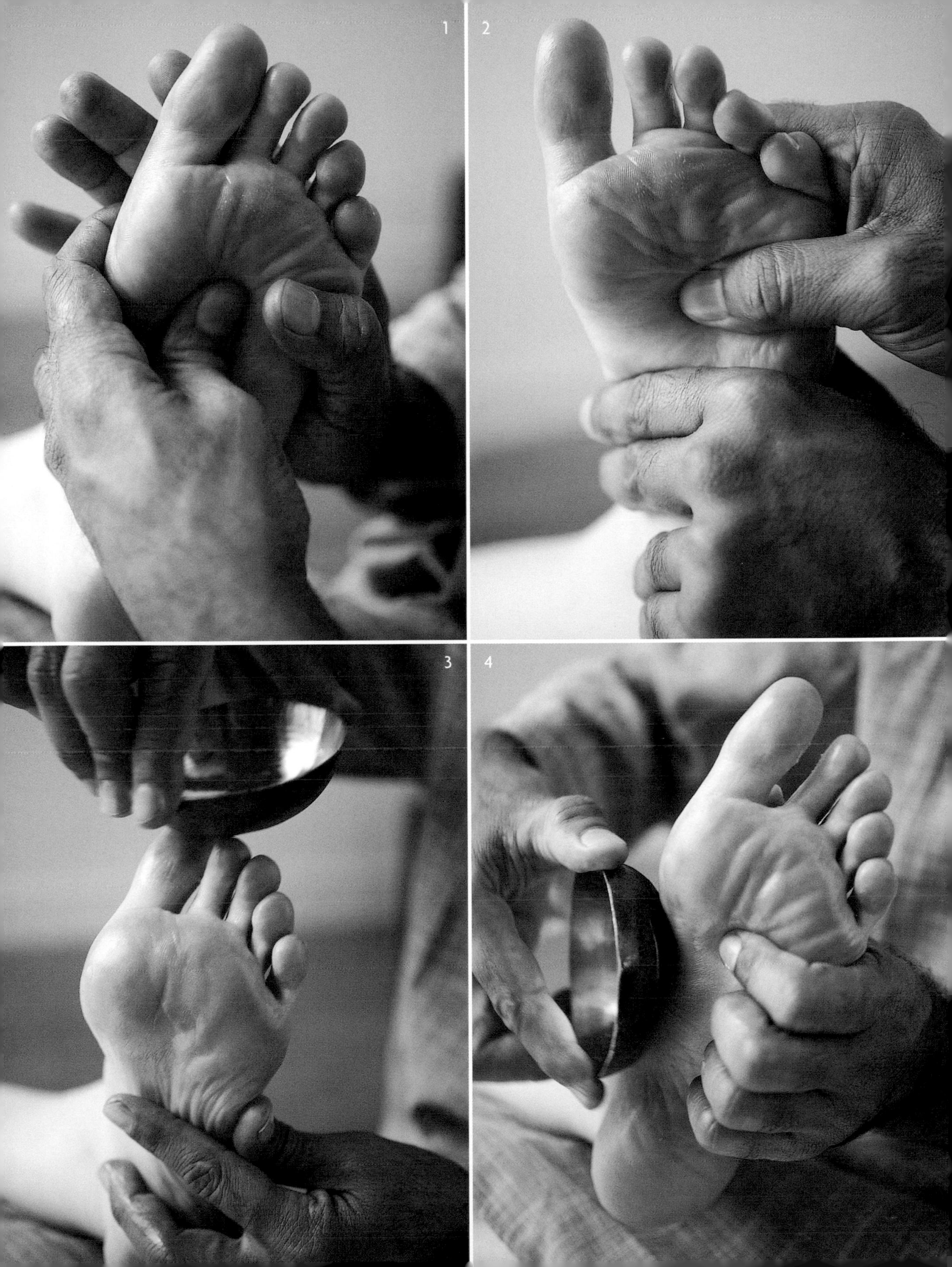
1
2
3
4

antes de empezar el masaje

una historia de familia

En el seno de la misma familia, cada miembro, y no solo la madre, puede dar masaje al niño; el padre, por supuesto, pero también los hermanos y hermanas y –¿por qué no?–, los abuelos.

El lugar del padre

El masaje es, ante todo, un intercambio de amor, una forma en la que el padre da un poco de sí mismo a su hijo con el contacto de sus manos y el sonido de su voz. Pero, igual que sucede con su presencia en la sala de partos, no existe obligación alguna; cada padre concibe su función a su manera, lo más importante es que esté presente para su hijo de un modo u otro.
Mientras que algunos padres están encantados de participar en el masaje y a veces se muestran más a gusto que sus compañeras, otros guardan sus distancias. Cada uno debe encontrar el lugar que más le conviene.

Hacer participar a los hermanos y hermanas

Los otros niños no solo son bienvenidos, sino que tiene importancia capital para ellos el hecho de ser integrados en el trío papá / mamá / bebé. Que miren, ayuden, participen; será una ocasión de jugar con el hermanito o hermanita y esto creará un vínculo en la relación fraterna; será una ocasión para hacerles comprender su lugar en la familia y demostrarles que su presencia es preciosa, que sigue prodigándoles atención y amor. Los mayores integran muy pronto los movimientos del masaje y manifiestan su deseo de dar masaje a los muñecos, a sus pies o los de su madre. Y muy pronto se convierten en excelentes maestros –¡hasta los mejores!– de los más pequeños.

La gran familia

La presencia de los abuelos es muy importante en la familia. Puede ser ocasión para intercambios ricos y llenos de ternura, de apertura y conocimiento mutuo, así como de transmisión de una generación a otra . Los demás miembros de la familia –una tía, una prima...– pueden también dar masaje al bebé si comparten la misma actitud de respeto y sienten cariño por el niño y sus padres.

¿Y LOS OTROS?

Antes de descubrir el masaje de su bebé, algunos padres piensan que es preferible que esto lo realice un profesional. Sea cual fuere el valor del masajista, nadie puede sustituir a la familia en la relación del masaje ayurvédico tal como está enfocada en este libro; el masaje hindú del bebé no es una práctica terapéutica sino una manifestación de la ternura entre los padres y su hijo.
El contexto es, por supuesto, distinto, dentro de un enfoque médico o paramédico, en el que se confía al niño a las manos de un facultativo, un kinesiterapeuta o un osteópata, con un objetivo determinado. Corresponde a los padres encontrar un terapeuta que comparta su modo de concebir el tacto y la relación con el niño.

un momento de descanso

El estado de ánimo de la madre o el padre que va a dar un masaje a su bebé es fundamental. La calma y la alegría harán que se convierta en una experiencia realmente única. Por eso es deseable, y hasta imprescindible, contemplar un momento de descanso entre las actividades del día –el trabajo, las compras u otras– y el masaje. La calidad del tiempo que precede a la sesión es tan importante como la del propio masaje.

Confianza

Para la mujer hindú, el masaje se integra en la vida cotidiana desde hace generaciones; es frecuente que haya recibido masajes desde la infancia, al ir a casarse y durante el embarazo; ha visto a su madre y a su abuela dar masajes en distintas ocasiones. En Occidente, no es frecuente que las mujeres que quieren aprender a dar masaje a su bebé hayan recibido antes masajes, y para ellas suele ser difícil saber cómo hacerlo, cuáles son los movimientos adecuados, o si hay que aplicar fuerza. Pero el conocimiento y la intuición están en todas las madres. Confianza y paciencia, escucha y atención le darán la posibilidad de recuperar capacidades que le son propias, a pesar de que, de momento, estén ocultas. Por eso es necesario prepararse.

... tiempo

Lo ideal es que el progenitor se prepare antes de dar masaje a su hijo, mediante respiraciones, con música que propicie la calma interior, con movimientos de relajación o con un momento de silencio. El padre o la madre puede ponerse en contacto con los elementos de la naturaleza (véase la p. 35), pasar unos instantes al sol, preparar un ramillete de flores, darse un baño, reservar para sí mismo un instante «de belleza». Puede, a su vez, recibir un masaje, en los pies o darse un automasaje (véanse las pp. 42-45). Cada cual sabrá encontrar lo que más le conviene, según sus gustos y prácticas.

... y lo mejor de uno mismo

Por medio del masaje se produce una forma de ósmosis entre el padre o la madre y el niño; sus estados de ánimo se transmiten. Si vivimos entre personas deprimidas, sentiremos que disminuye nuestra vitalidad. Si nos rodeamos de personas radiantes y alegres nos veremos arrastrados por su buen humor. Así pues, reserve para su bebé los momentos en que se sienta bien, con un ánimo feliz y estable, y posponga la sesión si tiene pocas ganas. No hace falta decir que para dar masaje al bebé la higiene de los padres es muy importante. Por eso, lavarse las manos después de un contacto con animales domésticos o cualquier objeto es una precaución necesaria.

DAR MASAJE A UN BEBÉ CON MINUSVALÍA

No existe ninguna contraindicación para dar masaje a un niño, cualesquiera que sean sus facultades físicas o mentales. El tacto se comunica con todo el mundo, desde el nacimiento hasta la edad más avanzada. Puede dar un masaje a su bebé, poniéndose de acuerdo con el médico si lo cree necesario, y observar su reacción. Finalmente, es su hijo quien le dirá si le gusta o no.

escuchar al bebé

El momento ideal para dar un masaje es cuando el bebé y su madre –o su padre– están disponibles tanto en el plano físico como en el psíquico; si el niño tiene hambre, si está demasiado cansado, si los padres están preocupados o nerviosos el beneficio será menor. Lo mejor es esperar un momento más propicio. La armonía y la confianza son esenciales para lograr un buen masaje.

Elegir el momento adecuado

Según las familias, el masaje se realiza cuando se está prodigando algún cuidado o limpiando al bebé, por la noche o por la mañana, antes o después del baño. Cada cual ha de encontrar el momento ideal, de acuerdo con su receptividad y su propio ritmo de vida. Es preferible plantearse dar el masaje a cierta distancia de las comidas –espere media hora al menos–, y cerciórese de que el bebé ha evacuado bien el vientre. Así estará más ligero y relajado y, en consecuencia, más receptivo.

Pedirle su confianza

Cuando se practica un masaje ayurvédico, es costumbre que el masajista pregunte a quien recibe el masaje si le da su confianza. Esta regla se aplica igualmente a los padres y a su bebé; si es cierto que la confianza parece implícita en esta relación en particular, también lo es que es importante cerciorarse de que el niño está receptivo. Explíquele al bebé que le ofrece un masaje; muéstrele lo que está preparando, dígale que lo ama y pregúntele si está de acuerdo. Estas palabras tranquilizan y dan seguridad al niño, igual que la actitud que adopte en el momento del masaje: la alegría, el bienestar. Curiosamente, la respuesta se manifiesta, incluso en un niño muy pequeño que no no habla; puede que sea una sonrisa, un pie que se mueve, un abandono, un signo de aceptación. Un masaje no se impone, es solo un ofrecimiento que le hace a su hijo.

Ser perseverante

Con un niño muy pequeño es, por supuesto, la madre o el padre quien toma la iniciativa del masaje. Pero debe conllevar un beneficio. Si el niño no tiene ganas, ofrézcaselo en otro momento. Lo más importante es confiar, perseverar y conservar un ambiente armonioso.

duración y frecuencia de los masajes

Si su hijo es muy pequeño o aún no está habituado al masaje, las primeras sesiones serán cortas, de entre cinco y diez minutos. Poco a poco, irá apreciando las sesiones más largas, de veinte a treinta minutos. Pero esto no es más que una teoría. En realidad, prima una sola regla: es el bebé quien decide.

Respeto...

Su hijo puede quedar rápidamente satisfecho con un masaje y al cabo de unos minutos expresar por medio del llanto o un movimiento que ya es suficiente. Si ya no quiere más, si manifiesta su desacuerdo, es él quien tiene prioridad y no el masaje, aun cuando usted tenga la impresión de no haber llegado al final. Mímele y deje el masaje para la próxima vez. Escucharlo, comprenderlo y aceptar la petición de su bebé es la mejor garantía para que conserve un buen recuerdo del masaje y sepa que puede confiar en el adulto. La actitud de escucha es la que dará sentido al movimiento. De lo contrario, se genera «violencia».
En caso de dificultad, verifique si hay algún parámetro que le haya pasado desapercibido: un aceite demasiado frío o una luz deslumbrante. Trate de comprender el estado de ánimo del bebé: puede que se trate de cansancio, inquietud o hambre.

... y atención

El masaje puede realizarse a diario, pero tampoco en esto existe una regla. Lo primordial son la disponibilidad, las ganas de cada cual y la atención de los padres. Con la adquisición de la palabra, el pequeño sabrá reclamar un masaje en el momento oportuno. Por otra parte, ni el gusto ni la práctica del masaje es en ningún caso una regla ni una obligación para los hijos ni para los padres.

En pocos minutos

Si no dispone más que de unos minutos, confórmese con dar masaje a los pies, las manos y las orejas de su bebé, o embadurne totalmente su cuerpo con aceite, pero sin insistir demasiado.

EN CASO DE PROBLEMAS EN LA PIEL

Por regla general, no dé masaje a su bebé si tiene problemas en la piel, sobre todo en caso de supuración. Algunos aceites, como el de cártamo, pueden ser adecuados en caso de dermatosis «seca». De cualquier modo, conviene probarlos siempre en una pequeña superficie de piel. Se puede encontrar entonces algo que sustituya el masaje con aceite: mecerlo, jugar con él, movimientos corporales, un masaje a través de la ropa o cualquier otra cosa con tal de mantener el contacto entre usted y su bebé. Una observación: el ayurveda atribuye a menudo los problemas de piel a una alimentación inadecuada. Tal vez podría reconsiderar su régimen alimentario, así como el del niño.

SI SU BEBÉ TIENE FIEBRE

Es raro que el bebé se muestre receptivo cuando está enfermo. Evite darle masaje en caso de que tenga fiebre o un trastorno pasajero; deje que su cuerpo se recupere por sí mismo.

el lugar, la luz, el ambiente...

La preparación del lugar y el entorno, el cuidado del ambiente, la luz, el color, el calor y la música; todo contribuye al éxito del masaje del bebé y al despertar de sus cinco sentidos.

Un ambiente sereno

Acondicione un rincón confortable, acogedor y con buena calefacción. Encienda una vela e incienso suave y ponga algunas flores. Todo ello contribuye a crear un ambiente sereno ya que el niño, aún muy pequeño, es receptivo a la belleza y la calma de un lugar. Recordará siempre los olores y esa atmósfera. Todos los sentidos del bebé y de su madre están alimentados por la presencia de los cinco elementos descritos por el ayurveda: la Tierra, el Agua, el Fuego, el Aire y el Éter (véase la p. 22). La Tierra y el Agua pueden evocarse con un jarrón con flores, pequeñas piedras o guijarros, el Fuego por la llama de una vela o la luz del sol. El Aire baña toda la estancia. El Éter lo aportan el incienso y el perfume de las flores.

Una estancia aireada y perfumada

Prepare una habitación agradable, en la que se sientan bien. Acuérdese de ventilarla. Puede perfumarla con incienso o con aceites esenciales; elija productos de muy buena calidad, naturales y suaves, sin aditivos; los inciensos con aromas a rosa o sándalo serán muy adecuados; los aceites esenciales de mandarina o de lavanda esparcidos en la atmósfera se adaptan bien al niño. Utilice preferentemente un difusor especial mejor que un quemador de esencias, ya que el calor desnaturaliza los aceites. Perfume la habitación diez minutos antes del masaje. También puede que prefiera el perfume de un ramo de flores.

La luz y el calor

La luz en la habitación debe ser suave. Demasiada oscuridad sorprende e inquieta a veces a los bebés. Tenga cuidado con las lámparas del techo ya que, cuando esté tumbado, el bebé no verá las cosas desde el mismo ángulo que usted. Tiene que ver sin que la luz lo deslumbre.

El resplandor de las velas es agradable y reconfortante, pero no hay que perderlas de vista, por seguridad.

El cuarto de baño es, con frecuencia, el lugar elegido para dar masaje al bebé, pues suele tener buena temperatura y es donde se le suele asear y cuidar.

La alternativa es utilizar una pequeño calefactor de aire; da la posibilidad de instalarse en una estancia más confortable, más cálida, y adaptar la temperatura a las necesidades del bebé. Para hallar la temperatura ideal ha de observar al niño; debe tener las manos y los pies calientes sin tener el cuerpo o la cabeza enrojecidos o cubiertos de sudor.

Una colchoneta, unas mantas...

Si elige poner al bebé sobre sus piernas (véase la p. 73), protéjase sencillamente con una sábana o una toalla. Si va a darle masaje en el suelo, limite un perímetro bastante amplio (un metro por dos, al menos) con mantas mullidas o un colchón. Si es un niño muy pequeño, preferirá un espacio más delimitado en el que se sentirá menos perdido; utilice entonces cojines para crear un pequeño capullo. Protéjalo todo con ropa blanca suave, fácil de lavar, intercalando tal vez una película de plástico o papel absorbente desechable. Tenga al alcance de la mano ropa blanca, pañales, ropa de recambio, aceite, juguetes y agua para beber y así evitar interrumpir el masaje. El aceite estará tibio o caliente, según la estación del año y la constitución del niño. Si es necesario, caliéntelo delante del radiador con un calienta biberones o al baño maría, o simplemente entre sus manos. No se necesita nada más. Pero para su comodidad, o si su cuerpo se siente aún un poco frágil tras el parto, utilice cojines para sujetar la espalda y las piernas.

... color

Vístase preferentemente con colores claros y alegres, y decore la habitación en tonos suaves –lo cual no quiere decir «sosos»–. El ayurveda concede gran importancia a los colores y a su influencia en el ser humano. Es lo que conocemos de forma intuitiva, desde siempre, a través de los códigos de colores transmitidos por las tradiciones –el color en las bodas, en el duelo– y que redescubrimos hoy día con el desarrollo de la cromoterapia, que a veces se utiliza en los cuadros médicos.

... y música

Una música suave y agradable ayuda a crear un ambiente sereno. Utilice composiciones no sintetizadas, por ejemplo sonidos de la naturaleza, cantos de pájaros, cantos sagrados o música clásica. Elija una música original, no estandarizada; su bebé tiene oído musical, la recordará. Pero nada sustituye las canciones de cuna transmitidas de generación en generación con las que nos impregnamos y que más tarde recordamos de mayores. En la India, la madre pronuncia *mantras** (frases o sílabas en sánscrito), que producen vibraciones sonoras, o cuenta relatos de la vida cotidiana. Las historias, los cantos y los cuentos desarrollan el valor, la capacidad de resistencia, la bondad y el gusto por el arte.

Ponerse a gusto

Olvídese del teléfono y conecte el contestador. Quítese las joyas, principalmente los anillos, ya que pueden arañar al bebé y molestarle al realizar los movimientos. Vístase con ropa limpia, ligera y flexible para tener libertad de movimiento y que el calor le resulte soportable. Elija ropa poco delicada y fácil de lavar para no preocuparse por las manchas de aceite.

aceites para el masaje

La cultura occidental tiende a rechazar lo graso y reluciente. Esta es la razón por la que muchos padres dan masaje a su bebé con una crema hidratante en lugar de aceite; ahora bien, esto no ofrece los mismos beneficios. En ayurveda, los aceites poseen muchas propiedades; deberemos descubrirlas.

Elegir buenos productos

El aceite tiene un importante poder de penetración en el organismo. Por eso es primordial utilizar un aceite de excelente calidad. Existen aceites ya preparados, perfumados o, al contrario, desodorizados, desgrasados; puede reservarlos para su uso personal si así lo desea, pero para su bebé elija lo más sencillo y natural. Sea intransigente con la calidad. Puede adquirirlo en las tiendas de productos biológicos – o en cualquier otra tienda en la que la calidad de los productos sea fiable–, en la sección de «aceites comestibles». Allí encontrará una gama de aceites vegetales con etiqueta de producto biológico, de primera presión en frío, sin aditivos ni pesticidas.

La más eficaz para saber si el producto que se utiliza es bueno para el bebé es probarlo. Un buen producto es sencillamente aquel que puede ingerirse –¡lo cual su bebé no dejará de hacer!–. La piel, además, lo absorberá.

Utilice un envase de plástico con boca para verterlo; no entrañará ningún peligro para el niño que, inevitablemente, tratará de llevárselo a la boca, y limitará la cantidad que verterá cuando se entretenga derramándolo.

Los aceites más utilizados

Entre los aceites que puede utilizar para el bebé, el de sésamo es el más adecuado. Es el aceite básico de los masajes ayurvédicos; cálido y fluido, deja la piel satinada y tiene propiedades bactericidas; retarda el envejecimiento de la piel, aumenta su elasticidad y posee un gran poder antioxidante.

El aceite de almendra dulce es el más conocido; suave y bastante graso, no traspase la superficie de la epidermis. Se adapta a los bebés que tienen la piel seca. Flexibiliza la piel, calma la picazón y activa la renovación de las células.

El aceite de cártamo es rico en ácidos grasos y en vitamina E, un antioxidante; se utiliza en caso de sufrir pequeños problemas en la piel, eccema seco poco extendido.

El aceite de oliva es bastante espeso, graso y cálido; protege y fortalece la piel.

El aceite de avellana es nutritivo y calmante; es rico en vitamina E. Penetra en la epidermis mejor que el aceite de oliva.

El aceite de girasol es muy fluido y puede servir en una mezcla con aceites más grasos; es igualmente rico en vitamina E.

El aceite de coco se emplea en los países cálidos, ya que posee propiedades refrescantes; se utiliza en el masaje de la cabeza o en verano; en nuestros países, suele cuajarse.

El aceite de mostaza, que se utiliza de manera específica en los masajes ayurvédicos, es demasiado fuerte y picante para un bebé. Es imprescindible que se aplique siempre diluido y debe utilizarse en todo caso en pequeñas cantidades.

Estos dos últimos aceites se venden en las tiendas de comestibles hindúes; están estrictamente reservados para uso externo.

Los aceites ayurvédicos

En la India existen muchos preparados a base de aceites, plantas y especias que se utilizan para dar masaje a los bebés. Según los textos antiguos, los aceites ayurvédicos tienen muchos beneficios, entre los cuales se halla el de reforzar la piel, su color y su textura, la regularización del sueño, la lucha contra el envejecimiento y contra los dolores, y la resistencia a las enfermedades. Entre los productos disponibles figuran el aceite «bebé», el aceite *prasarini,** el aceite *bala** y el aceite *chandan bala laxadi**.

A base de aceite de sésamo, aceite de avellana y especias, el aceite «bebé» contribuye a un crecimiento armonioso del lactante, flexibiliza su piel, equilibra su apetito y su sueño; facilita la digestión y calma los cólicos.

El aceite *prasarini*, que contiene unas quince plantas ayurvédicas, favorece el crecimientos de los bebés y de los niños; equilibra los *doshas,** en particular *vara** y *kapha** (véase la p. 22).

El aceite *bala*, muy rico en plantas y especias, refuerza el sistema inmunitario y el sistema nervioso.

El aceite *chandan bala laxadi,* por su parte, equilibra los *doshas,* principalmente *vata,* trata el raquitismo, combate la fiebre y la tos. Contiene cerca de treinta plantas distintas.

La base de todas estas composiciones es el aceite de sésamo. Entre las plantas que se utilizan, la mayor parte proceden de la India y en Occidente no tienen productos equivalentes; otras son más familiares, como el sándalo, el regaliz, la cúrcuma y la pimienta.

PREPARAR LOS PROPIOS ACEITES

Durante la estación cálida,
puede preparar esta mezcla:

- una parte de aceite de sésamo o de aceite de almendras dulces
- tres partes de aceite de coco

Durante la estación fría,
la mezcla siguiente se adapta bien al bebé:

- 20 cl de aceite *bala*
- 10 cl de aceite *prasarini*
- 60 cl de aceite de sésamo
- 5 cl de aceite de mostaza
- 5 cl de aceite de almendra dulce

En cualquier estación,
los siguientes aceites aportan bienestar general:

- 10 g de flores de caléndula (de venta en herboristerías), maceradas en 100 ml de aceite de sésamo
- 10 g de fenogreco (de venta en las tiendas orientales o de productos biológicos), macerados en 100 ml de aceite de sésamo

Las flores de caléndula y el fenogreco favorecen el crecimiento y son beneficiosos para la piel. Son también muy interesantes algunos aceites obtenidos de la maceración de las ortigas.

polvos y cremas para el masaje

Harina de garbanzos, harina de trigo, tomillo hindú, cúrcuma o sándalo son productos y aromas útiles y muy agradables.

Harinas

La harina de garbanzos, que se encuentra en tiendas de productos biológicos, sirve a veces, tras el masaje, para retirar el excedente de aceite; se utiliza dando fricciones muy suaves para respetar la delicada epidermis del bebé. Mezclada con yogur o leche y con cúrcuma, limpia la piel y la vuelve suave y clara; esta mezcla mantiene la frescura del cuerpo. Pasando una pequeña pelota de harina de trigo por todo el cuerpo de sus niños, las madres hindúes eliminan los pelillos que algunos bebés tienen en la espalda y la frente.

Plantas y polvos

En invierno, en caso de padecer catarros o afecciones nasales, de garganta o pecho, se puede utilizar aceite caliente de infusión de «tomillo hindú» (*ajowan*)*; esta planta de la familia de las umbelíferas tiene propiedades antisépticas y hace entrar en calor.
El polvo de cúrcuma tiene virtudes asépticas: protege de la contaminación, previene los pequeños problemas de piel del bebé y mejora su brillo y su color; puede encontrarlo en las tiendas de alimentación orientales.
El polvo de sándalo es calmante y refrescante; proporciona paz y y realza el brillo y la belleza; lamentablemente, no es fácil conseguirlo en Occidente.
Las arcilla se utiliza a veces para los niños, igual que el talco, en los países cálidos.

PREPARAR LA CREMA

Prepare una crema con los siguientes ingredientes:

- una cucharada sopera de harina de garbanzos
- media cucharadita de cúrcuma en polvo
- una o dos cucharadas soperas, según el espesor, de yogur o crema de leche
- una cucharadita de miel

Añada agua de rosas en cantidad suficiente para obtener una pasta cremosa, fácil de extender.

el masaje paso a paso

el premasaje

Los ejercicios que se presentan en este apartado forman parte de lo que se conoce como «premasaje»; se puede practicar en el transcurso del primer mes de vida del bebé o si nació prematuro. Son fundamentales para el niño, ya que desarrollan la afectividad y la circulación energética. Cuando lo practica el padre, ambos prosiguen la relación iniciada antes de la concepción: el padre puede aportar apoyo a la madre, aliviar su cansancio y darle ánimo. Algunas de estas posturas, que surgen de una tradición ancestral, recuerdan técnicas modernas, ya que se han integrado en su práctica, por ejemplo, en la osteopatía.

«Me alejo, te vuelvo a encontrar»

Permanezca de pie o sentado. Tome al bebé por las axilas y levántelo con la fuerza de sus brazos ante usted **1.** Luego, atráigalo hasta su corazón **2**. Repita el movimiento varias veces.
Este ejercicio le enseña al bebé el movimiento «me alejo, te vuelvo a encontrar». Su hijo explora el plano horizontal y toma contacto con su corazón emocional.

Montañas y valles

Estire al bebé sobre sus manos, una bajo las nalgas y otra bajo la nuca. Mézalo emulando unas olas muy suaves, hacia arriba, hacia abajo, dibujando con su cuerpo montañas y valles **3-4-5-6**. Su cabeza va ora hacia arriba, ora hacia abajo.
Mediante este ejercicio, su bebé toma consciencia del espacio. El balanceo armoniza la presión de los fluidos en el organismo –el líquido cefalorraquídeo, la linfa, la sangre–, en particular dentro del cráneo y la columna vertebral. Proporciona un masaje interno suave y sutil.

1
2
3
4
5
6

Sentado en su mano

Coloque una mano bajo las nalgas del bebé. Sosteniéndole la cabeza, siéntelo en la mano **7**. Su columna vertebral es lo bastante sólida como para sostener la espalda. Suba y baje la mano **8**. Con este ejercicio, su bebé explora la verticalidad y experimenta cierta autonomía. Se cree, a veces equivocadamente, que un bebé solo puede estar acostado cuando es pequeño. Es también una aproximación a la estabilidad; su bebé está apoyado sobre las nalgas. Esta posición proporciona seguridad y es, además, una manera de anclar al pequeño en la vida terrenal.

Estirado en su antebrazo

Póngase de pie o de rodillas, con la espalda recta. Estire al bebé boca abajo en sus antebrazos. Efectúe una torsión de su propio busto, a la izquierda **9** y luego a la derecha **10**, con mucha flexibilidad para su espalda, sin hacer movimientos bruscos.

Como dentro del vientre de mamá

Estírese sobre la espalda. Coloque al bebé boca abajo sobre su vientre o su pecho. Acarícièle y dele masaje en la espalda **11**. Este ejercicio le recuerda los ruidos que oía dentro del vientre de su madre, el balanceo de la respiración y el calor del cuerpo materno.

7 8

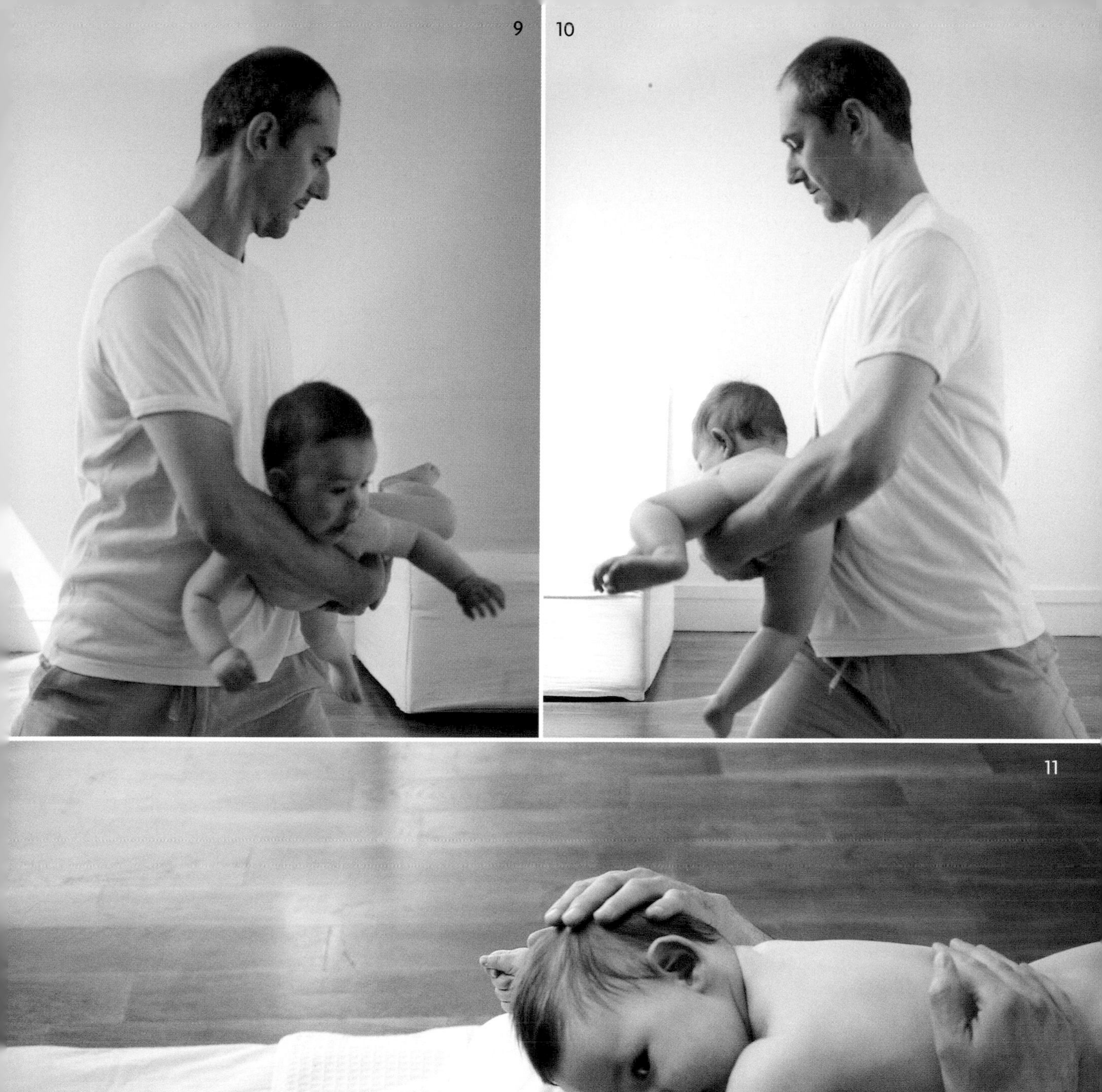
9
10

11

colocarse juntos

El masaje que prodiga al bebé refleja su propio estado. Empiece por colocarse bien para sentirse libre, estable y flexible al realizar los movimientos. Entonces su cuerpo formará parte integrante del masaje, sus manos serán prolongación del mismo y los movimientos nacerán del interior. La comodidad del bebé será el primer paso hacia su relajación.

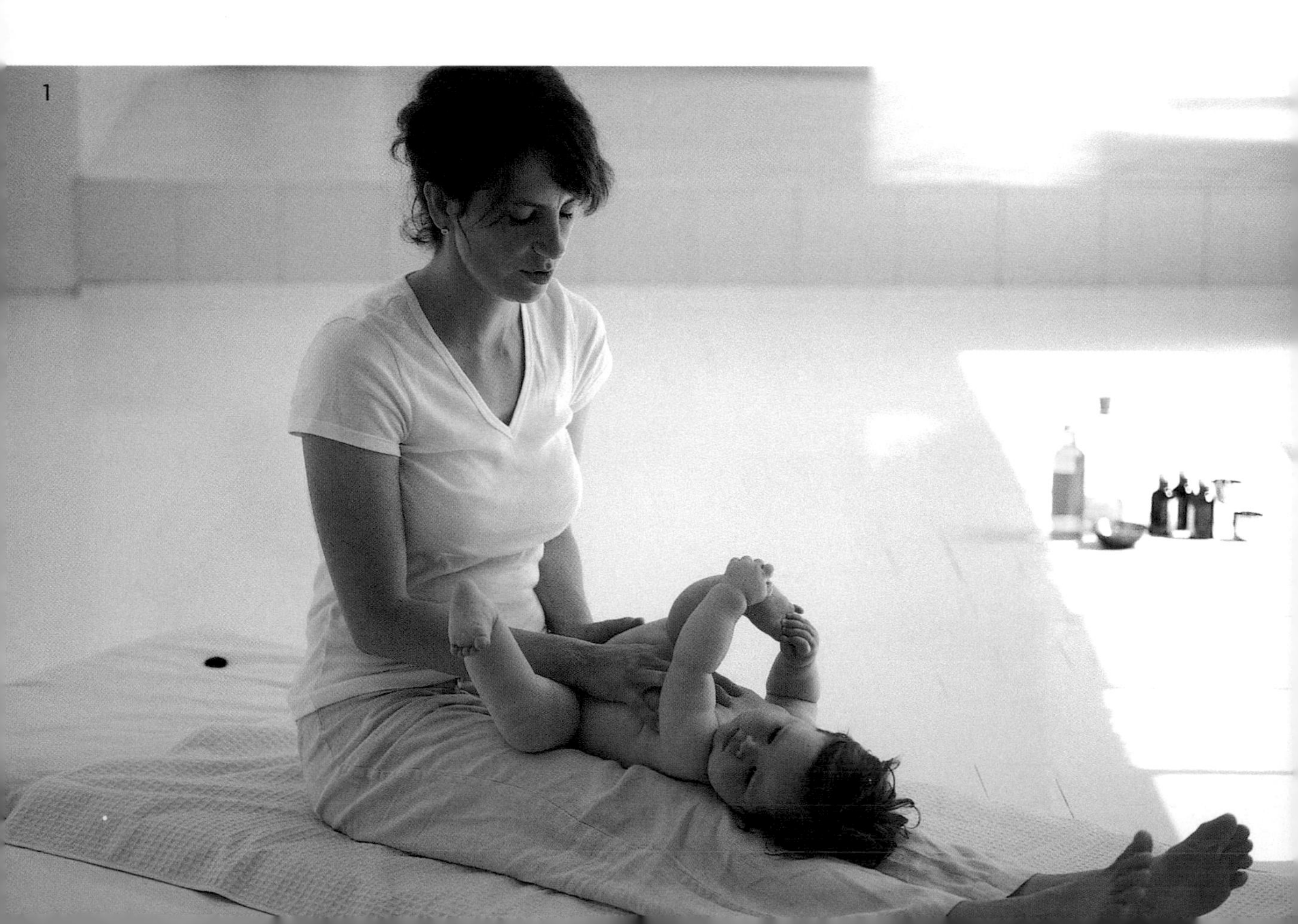

Desvestir al bebé

El primer contacto que percibe el bebé es al desvestirlo; según lo que usted ponga en sus movimientos –dulzura y disponibilidad o cansancio y brusquedad–, su hijo tendrá ya una primera impresión, un gusto anticipado del masaje. Desvístalo, pues, sin precipitación, hablándole con dulzura. En general, si la temperatura es agradable, a los pequeños les gusta mucho estar desnudos.

Sentarse en el suelo

Tradicionalmente, el padre o la madre se sienta en el suelo para dar el masaje. Esta posición permite a quien lo da tanto como al bebé permanecer en contacto con el elemento Tierra (véase la p. 22); es una estabilidad beneficiosa para el masaje, ya que aporta una sensación de calma. Recibir masaje de una persona que está buscando una posición cómoda proporciona una impresión desagradable y desestabilizadora. Si es necesario, puede apoyar la espalda en la pared, pudiéndose apoyarse en algún cojín.

Piernas estiradas o cruzadas

Puede acostar al bebé en sus piernas estiradas **1** o delante de usted, sobre una colchoneta, si usted se coloca con las piernas cruzadas **2**. La posición sentada en el suelo, aun cuando sea poco habitual, constituye un buen ejercicio de flexibilización; poco a poco, irá aprendiendo a familiarizarse con su propio cuerpo.

2

3

4

5

Encuentre otras posiciones

Según la edad y los deseos de su bebé, según sus movimientos y reacciones, encontrará otras posiciones. Si no le gusta estar echado sobre la espalda, siéntelo entre las rodillas, con la espalda contra su vientre; de este modo puede jugar y mirar todo lo que lo rodea **3**. En esta posición, puede masajearle en los pies, las piernas, el vientre, el pecho, los hombros, la cabeza y la cara. Si es muy pequeño, deslice el brazo bajo sus axilas e inclínelo un poco hacia delante **4**. Con la mano libre, puede darle masaje en la espalda, las nalgas, el cuello y la parte posterior del cráneo. Si tiene ganas de ponerse de pie o si es el momento de buscar mimos abrazándola **5**, puede darle masaje en la espalda, la parte posterior de las piernas o la cabeza.

la calidad del movimiento

El éxito de un masaje va mucho más allá del simple movimiento de las manos. Lo más frecuente es que, para una madre, tocar a su hijo sea algo natural. Déjese guiar por su intuición y esté muy atenta a las reacciones del bebé. Si su actitud interior es correcta, también lo serán sus movimientos.

Poner aceite en las manos

Caliéntese las manos, una vez lavadas, frotándolas una contra otra. Póngales aceite para suavizarlas. Pose suavemente las manos sobre el bebé. La toma de contacto se ha realizado.

Respirar con calma

Trate de respirar con amplitud, de una manera fluida. Déjese mecer por su propio aliento; él acompañará el movimiento. Todo el cuerpo participa, y lo transmite a las manos. Cierre los ojos durante unos instantes y deje que sus manos descubran el cuerpo del bebé; las sensaciones serán distintas, más concentradas y sutiles.

La sensibilidad de los dedos

Los dedos poseen una sensibilidad especial, más aguda que otras partes del cuerpo; a veces son como verdaderos ojos. Según el ayurveda, cada dedo es la sede de uno de los cinco elementos (véase la p. 22) y cada uno de ellos tiene su importancia en el masaje –un aspecto que está desarrollado a niveles muy específicos en el arte del masaje ayurvédico–. Casi se podría decir que cada dedo es «consciente». Del mismo modo, se puede dar masaje con la palma de la mano, a veces con el dorso, con la mano derecha o con la izquierda.

Crear un capullo

En cuanto empiece el masaje, trate de mantener un contacto permanente con el cuerpo de su bebé. Eso es lo que dará al masaje su carácter envolvente, lo que creará un capullo alrededor del pequeño y le proporcionará una sensación de seguridad y unidad. Puede parecer una nimiedad, pero es interesante experimentarlo uno mismo recibiendo un masaje; la relajación y la receptividad se multiplican por diez, y la ruptura de un movimiento en ese instante de apertura tan especial deja una sensación de vacío y de ruptura que a veces es desagradable y daña la calidad del masaje.

¿APOYAR O ROZAR?

Una de las preguntas más comunes que suelen hacer las madres es esta: ¿hay que apoyar con fuerza o simplemente rozar? Ambas acciones son válidas, así como una infinidad de variantes entre estos dos polos. Se habla de «aplicar una caricia»; no es ni un roce ni una presión sino una mezcla de suavidad, presencia, firmeza mullida y seguridad prudente. El masaje es suave y poderoso a la vez, profundo en su consciencia y envolvente. Ya sea ligero o que apoye, cada tacto tiene su propio efecto y su valor particular. No dude en alternar y cambiar la presión y la velocidad de los movimientos. Su guía es la reacción del bebé y su propia piel; mire, escuche y adapte su actitud.

movimientos generales

Antes de centrarnos en el masaje de cada parte del cuerpo haga unos cuantos movimientos generales; por ejemplo, el masaje llamado «de la gran cruz». El interés de este movimiento se centra en englobar todo el cuerpo del bebé con el fin de crear una sensación de unidad. Cuando se da un masaje detallado a una parte del cuerpo y luego a otra, es importante volver con regularidad a un movimiento global, para integrar el movimiento particular en el conjunto, considerando al niño como un todo y no como la suma de partes anatómicas separadas.

Mantener siempre el contacto

El movimiento global pasa a ser un intermedio cuando el niño se mueve o se da la vuelta. Permite mantener un contacto constante con la piel y que se encadene de una manera intuitiva con otro movimiento; el masaje se muestra entonces como una creación, como una escultura, como una danza de las manos en armonía con un cuerpo viviente. Ya no es un encadenamiento automático, fijado de una vez para siempre. Por otra parte, los movimientos practicados en todo el cuerpo evitan que el bebé se enfríe durante el masaje.
El masaje conocido como «de la gran cruz» se realiza tanto por la parte de delante como por la de detrás. Si se hace por detrás, el bebé está echado sobre el vientre, con los brazos por encima de la cabeza.

Desde las nalgas hasta la nuca

Dibuje unos cuantos círculos sobre el cóccix del bebé. Estire la mano, con el dedo corazón apoyado en su columna vertebral **1**, luego suba hasta la nuca extendiendo bien la mano **2**.
Suba a lo largo de su brazo **3**, desde la parte interna, y luego a lo largo del costado **5**.

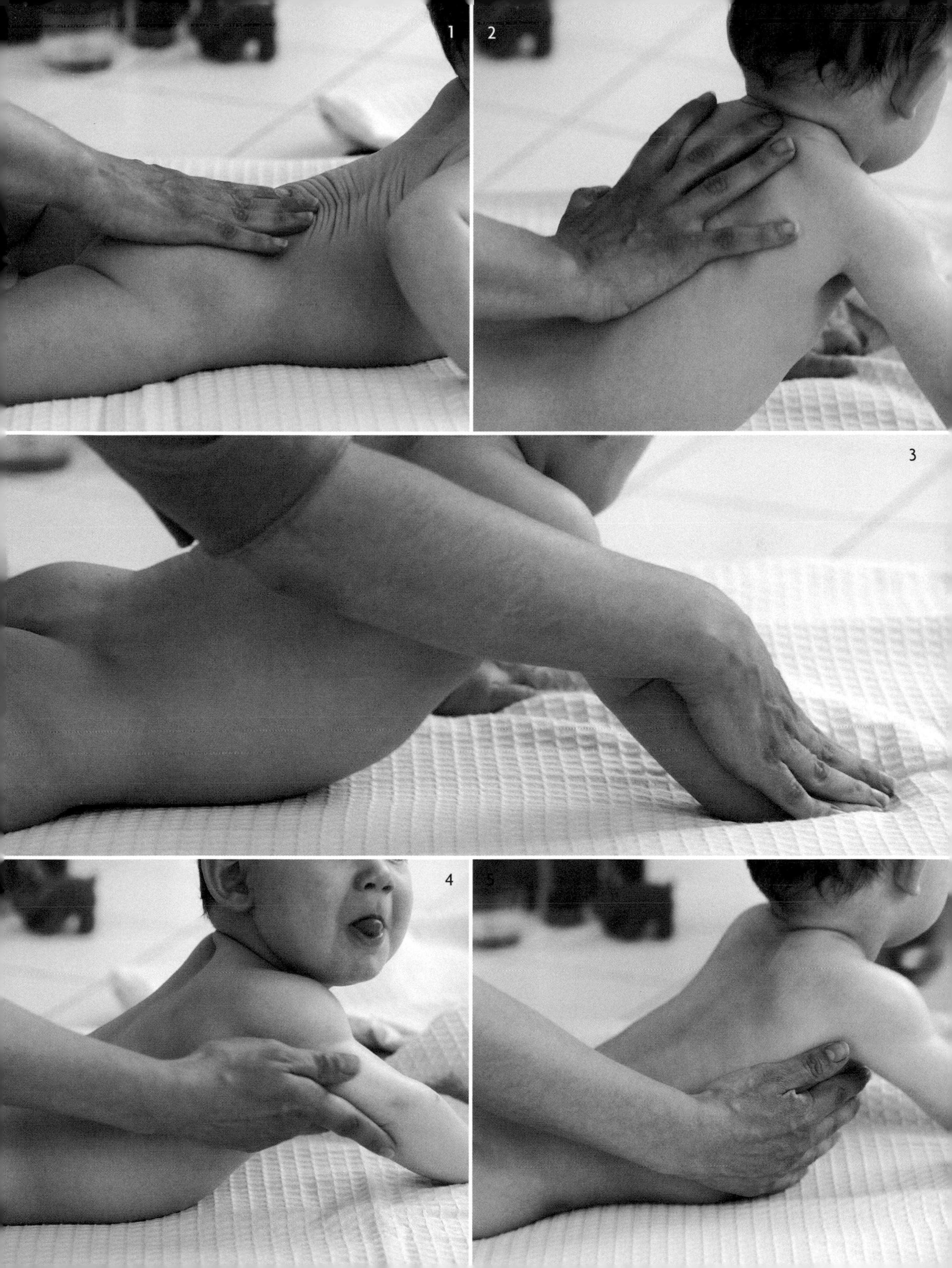

1
2
3
4
5

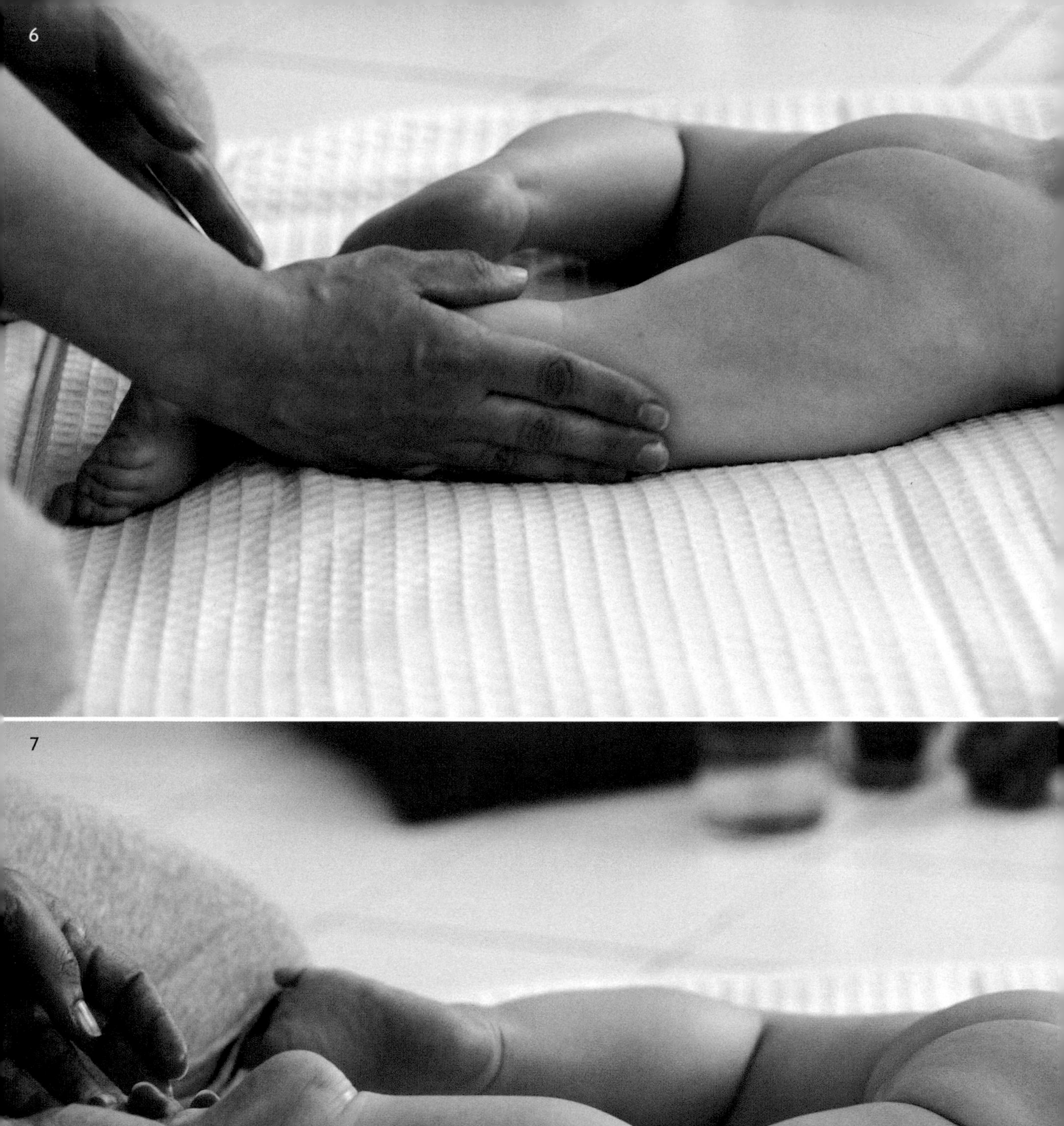
6

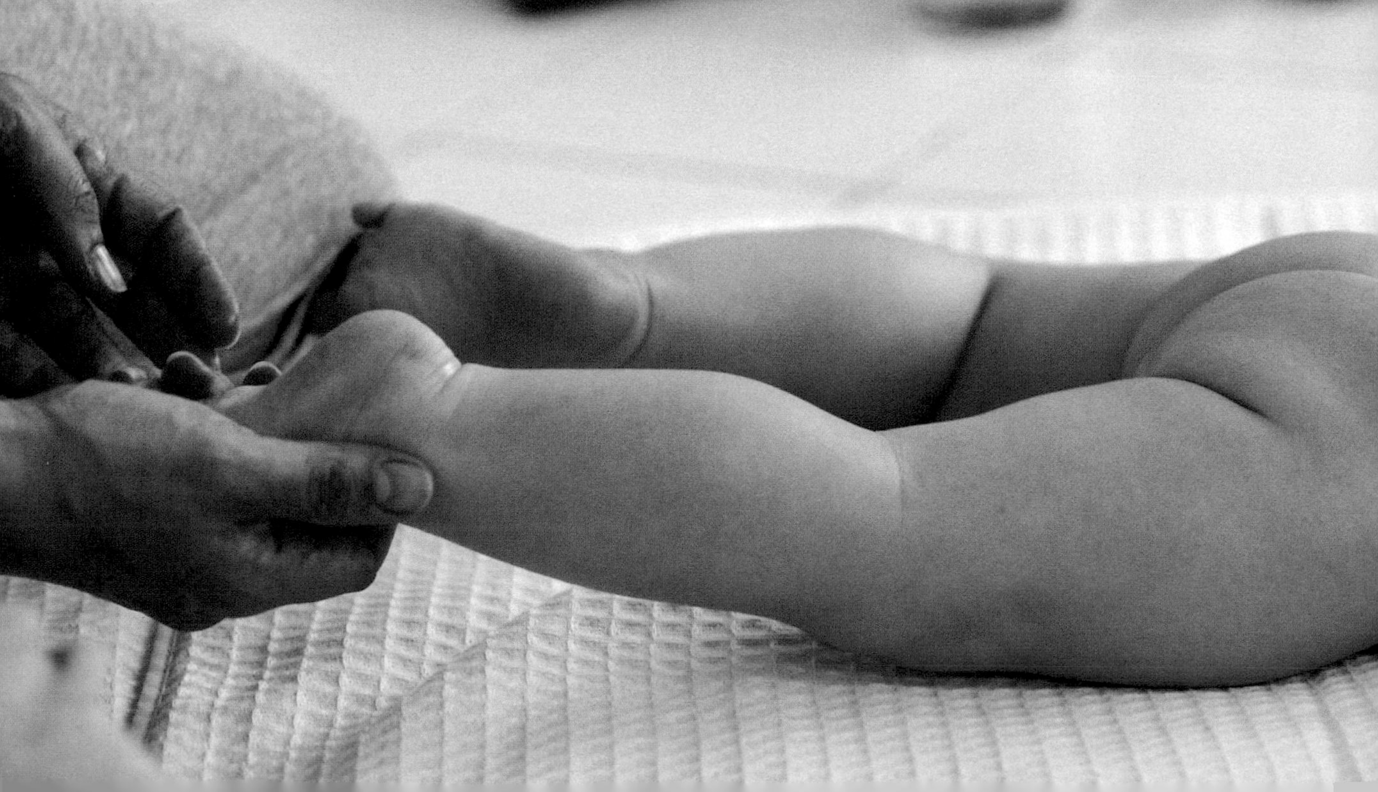
7

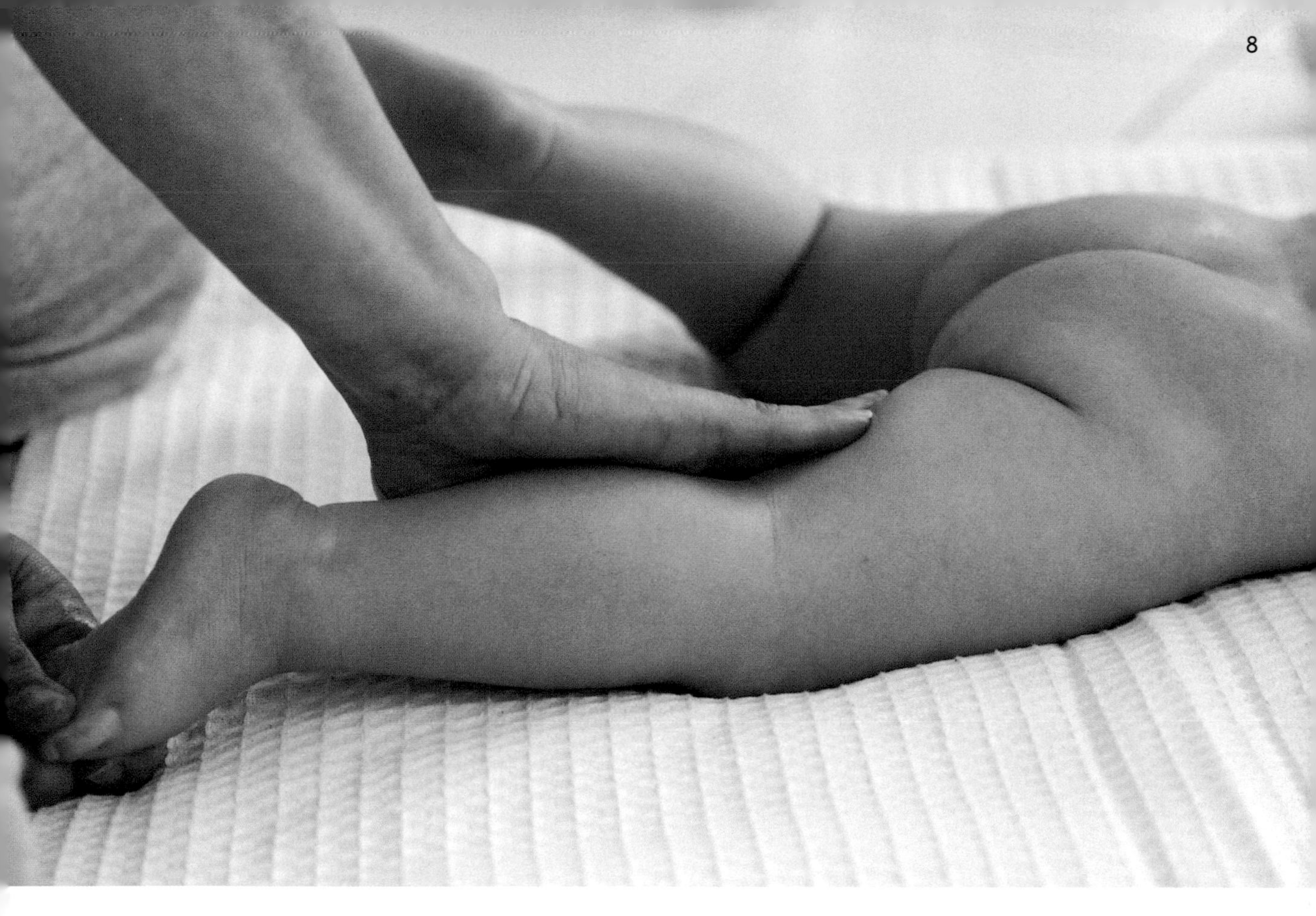

Desde la pierna hasta las nalgas

Prosiga realizando este movimiento a lo largo de la pierna 6 por el lado externo, por la «costura del pantalón», y deslícese hasta la punta del pie 7. Suba de nuevo por la pierna, por el lado interno, hasta llegar al cóccix 8. Trace unos cuantos infinitos (∞) en las nalgas. Repita el movimiento en el otro lado.

Repetición del movimiento completo

Acaba de dibujar un gran infinito (∞) en el conjunto del cuerpo de su bebé. Puede entonces repetir el movimiento completo y variar el ritmo y la intensidad; haga un movimiento muy lento y aplicado, o más rápido y superficial. Es fundamental que acompañe el movimiento hasta la punta de los pies y de las manos del bebé para conservar la unidad del cuerpo y evitar la sensación de «cortar». Para entender esta sensación desde dentro es primordial que usted misma haya recibido masajes; eso le proporcionará un conocimiento profundo, más allá de palabras y explicaciones, y una comprensión verdaderamente inteligente, más allá de las teorías.

Por delante

El masaje conocido como «de la gran cruz» se realiza del mismo modo por la parte delantera del cuerpo. Estire al bebé sobre la espalda y colóquele los brazos por encima de la cabeza. Dibuje unos cuantos círculos suaves en el vientre, en el sentido de las agujas del reloj. Coloque su mano abierta y suba por el esternón, siga a lo largo de la clavícula izquierda hacia el hombro, a lo largo del brazo hasta el pulgar; vuelva por el lado del meñique y siga por su costado derecho, y después a lo largo de la pierna por el lado externo. Regrese por el lado interno y llegue hasta el vientre bordeando la cadera. Repita el movimiento por el lado derecho. El masaje por delante será, por supuesto, muy respetuoso y adaptado a las zonas más frágiles.

los pies

Para explicarlo de una forma más clara, las etapas del masaje se describen según cada parte del cuerpo; aunque esta clasificación sea muy académica, ante todo sirve de referencia para el aprendizaje. La intuición y el amor siguen siendo sus mejores guías. El bebé es quien está en el centro del masaje y no el masaje y sus técnicas en sí, y menos aún el adulto y sus conocimientos. Es el bebé quien debe sentir su alegría y plenitud. En general, se puede empezar un masaje por las extremidades –las manos o los pies– o por el corazón.

Movimientos envolventes

Estire al bebé sobre la espalda, asiéntelo bien contra sus piernas o colóquelo en el suelo, ante usted. Entre en contacto con su mirada; puede canturrear, si lo desea. Tome contacto con uno de sus pies. Empiece realizando una serie de movimientos envolventes en todo el pie. Póngale aceite de un modo firme y suave a la vez, cuidando de no hacerle cosquillas. Abra el pie, estírelo, haga que «se expanda» **1-2**.

Cada dedo en detalle

Dé masaje a los dedos, uno por uno, a las articulaciones y a las yemas, así como a los espacios interdigitales **3-4**, hasta que el bebé tenga los dedos abiertas «como un abanico».
Con sus dos pulgares, alise el dorso del pie con pequeños movimientos que vayan desde el pliegue del tobillo hasta los dedos **5**. Luego, dibuje pequeños círculos alrededor de los tobillos tratando de que el aceite penetre bien en la articulación **6**.

1
2
3
4
5
6

Desde el dedo gordo hasta el talón

Con uno de los pulgares, baje siguiendo el trayecto vertical por el borde interno del pie del bebé. Partiendo del dedo gordo **7**, deslícelo hasta el borde del talón **8**, y déjese guiar por la estructura ósea que dibuja la bóveda plantar. Repita el movimiento tres veces, siempre de arriba abajo. También puede dar masaje a los dos pies a la vez durante unos instantes. Para terminar, junte el pulgar y el anular de cada mano y póngalos en la raíz de la uña del dedo gordo **9**.

NIÑA O NIÑO

Según el ayurveda, si se da masaje a una niña se empieza por el pie izquierdo, y si es un niño por el pie derecho. La misma regla debe aplicarse a las manos.

EL NÚMERO DE SESIONES

Para aprender a dar masaje al bebé, el número de sesiones varía de una persona a otra, según se trate o no del primer hijo, según el estado de confianza del progenitor, según el carácter del niño y según su receptividad al masaje. Teniendo en cuenta los aspectos prácticos, el masaje es bastante fácil de integrar; mientras unos se sentirán a gusto y seguros tras dos sesiones, otros necesitarán ser acompañados durante más tiempo, cuatro o cinco sesiones, por ejemplo, para sentirse confiados y alcanzar una comprensión profunda de ese momento de intercambio. A cada cual corresponde evaluar su necesidad.

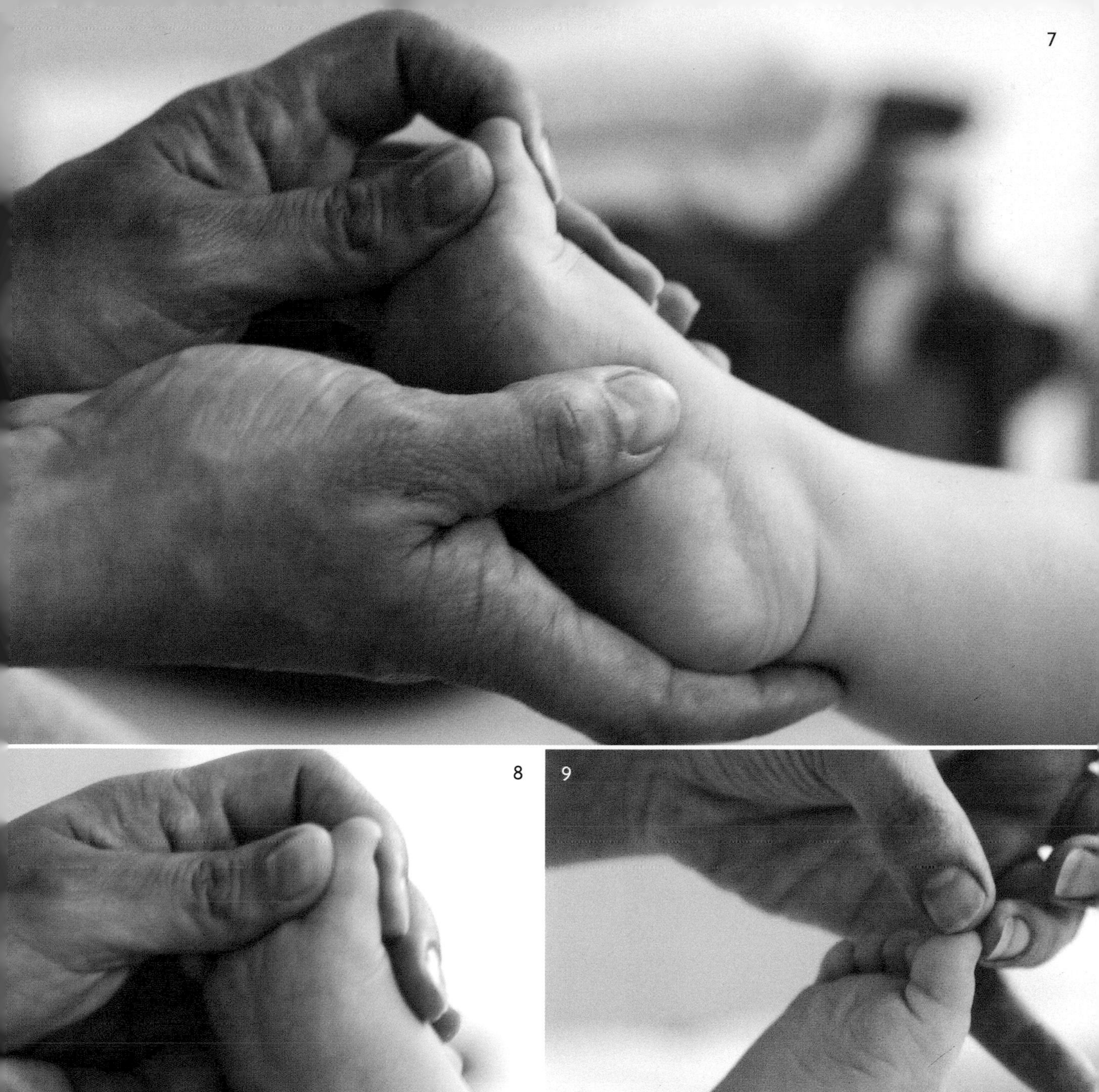
7

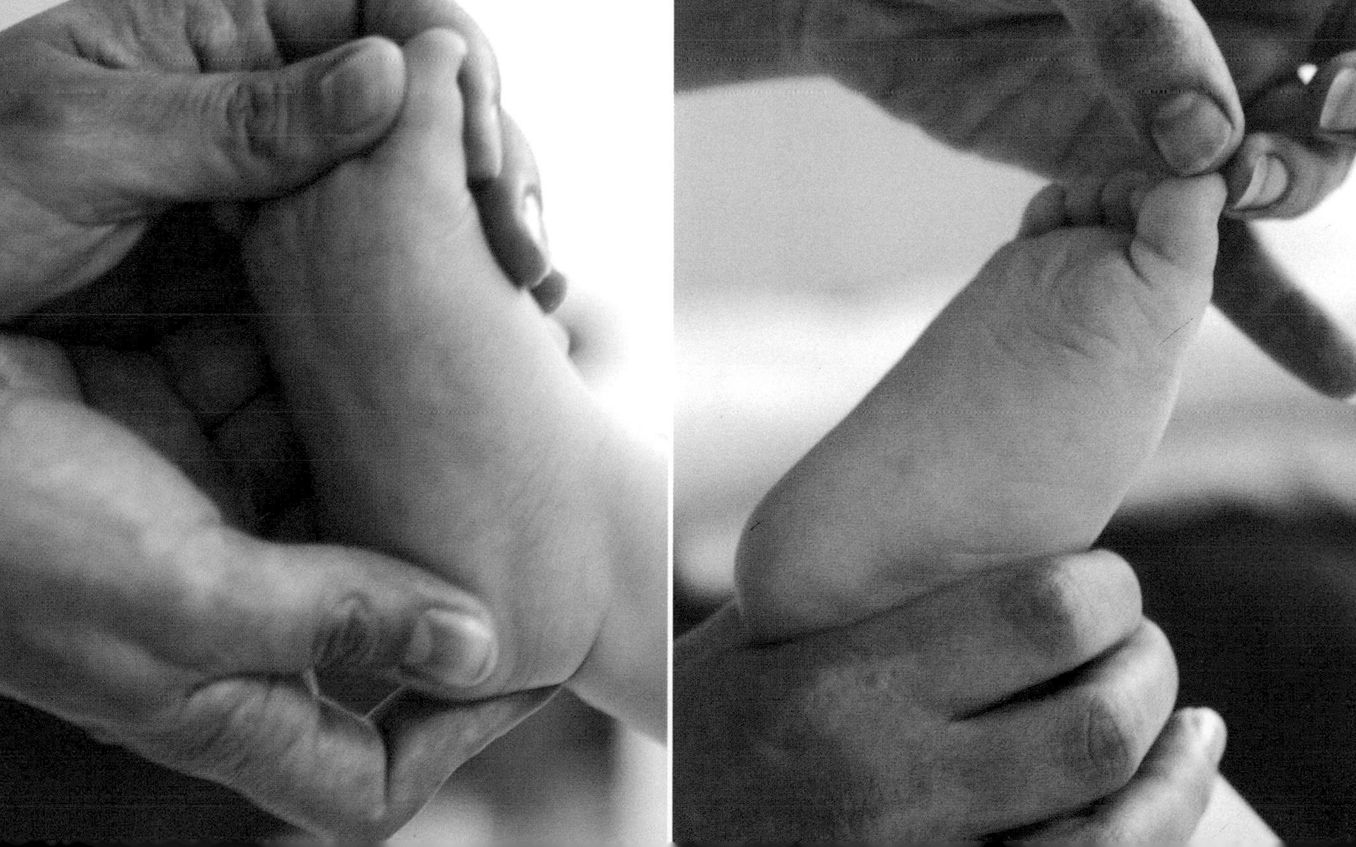
8
9

las piernas

El masaje de las piernas relaja muchísimo al bebé. A menudo las dobla sobre el vientre o pedalea de manera activa. Tras el masaje, comprobará que el bebé relaja poco a poco y estira por completo las piernas; está experimentando un espacio nuevo, ampliado, aceptando durante unos instantes el hecho de desprenderse de su postura fetal para abrirse al mundo.

Movimientos para alisar...

Póngase de nuevo aceite en las manos. Empiece el masaje de una pierna de su bebé describiendo grandes movimientos de alisado para extender bien el aceite. En ese movimiento de apertura es muy importante el sentido; suba con la mano por el interior de la pierna **1-2**. La mano está plana, firme, y se desliza hasta el nivel de la cadera **3**. Baje en sentido contrario por el lado externo de la pierna **4**. Encadene este movimiento varias veces, siguiendo un ritmo fluido y regular.

... y movimientos circulares

Con las dos manos, describa movimientos circulares, como si fueran «brazaletes», alrededor del muslo y de toda la pierna **5-6**. Ponga las manos planas, para realizar un movimiento suave. Recuerde que debe prolongar el movimiento hasta la punta del pie para que el bebé experimente una sensación de unidad. Repita el mismo masaje en la otra pierna, y luego en ambas piernas simultáneamente.
Es muy importante que la piel del bebé esté bien untada de aceite; eso evitará la sensación de roce y el enrojecimiento de la piel. En contacto con el aceite, las manos se deslizan con comodidad y proporcionan una sensación envolvente que es muy agradable para el niño.

Masaje en las articulaciones

Con el pulgar, trace pequeños círculos, subiendo desde el tobillo **7** hasta la ingle. Insista más a la altura de la rodilla **8**; deje que sus dedos descubran la articulación de una forma muy sutil.

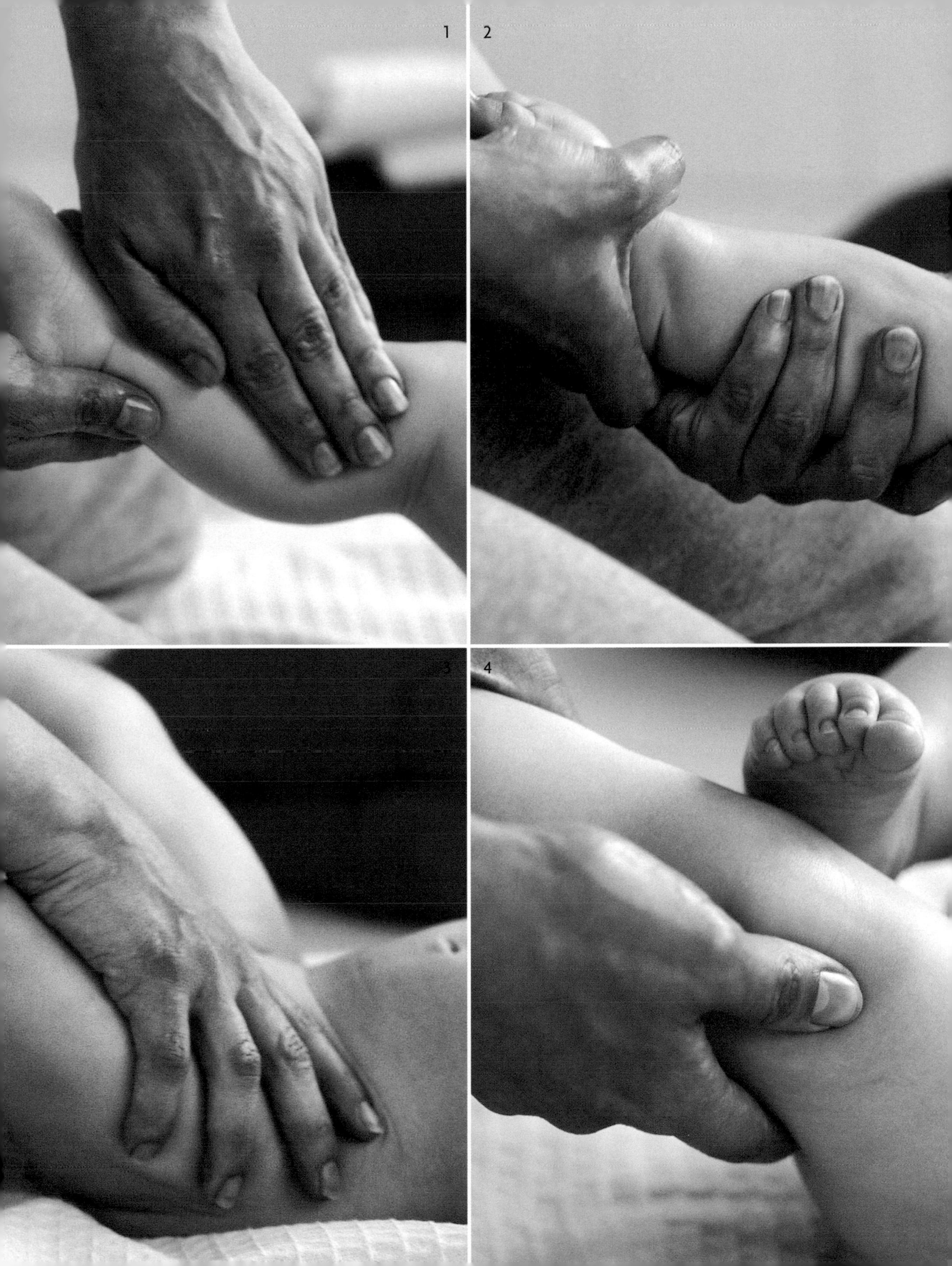
1
2
3
4

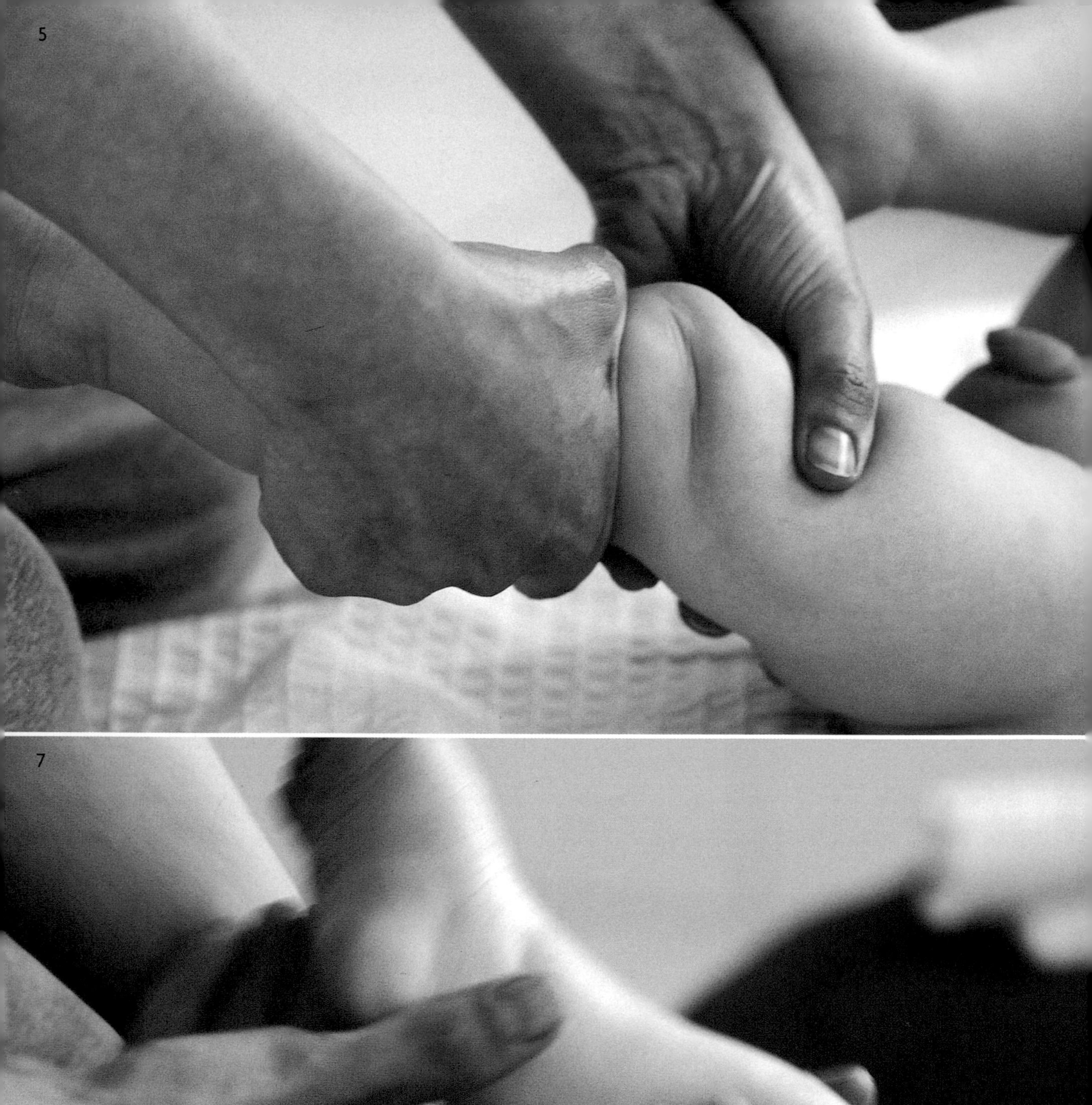
5

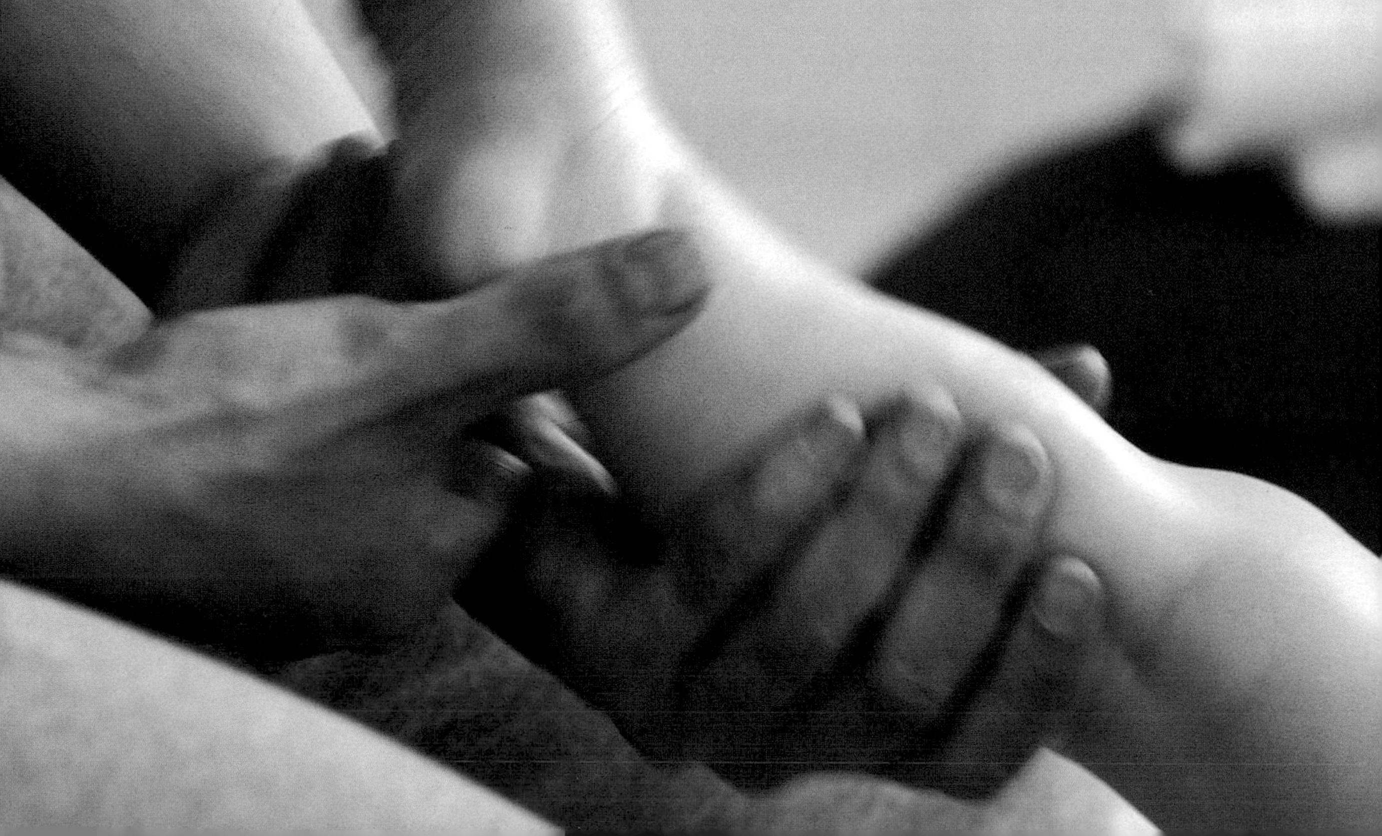
7

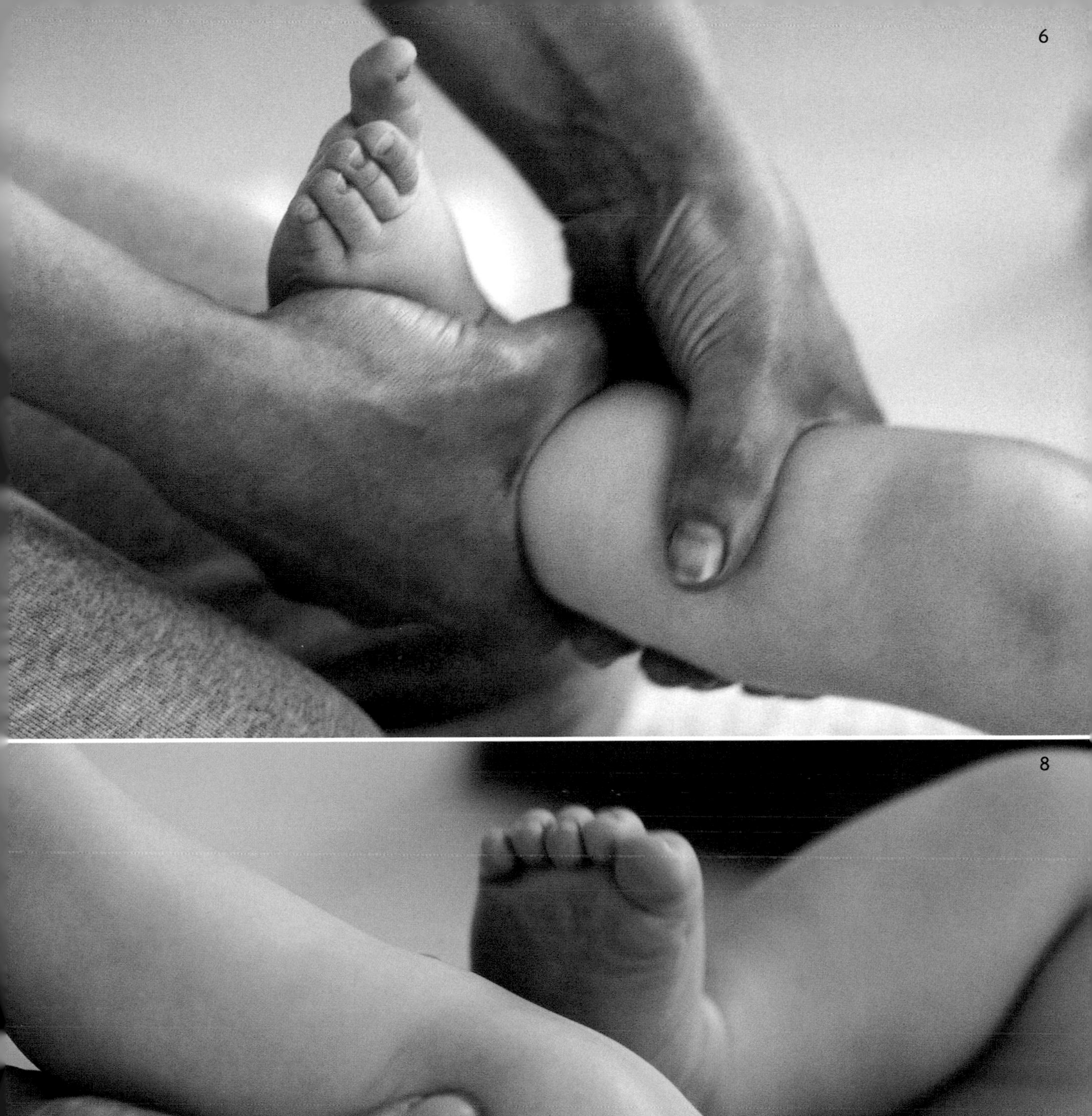
6

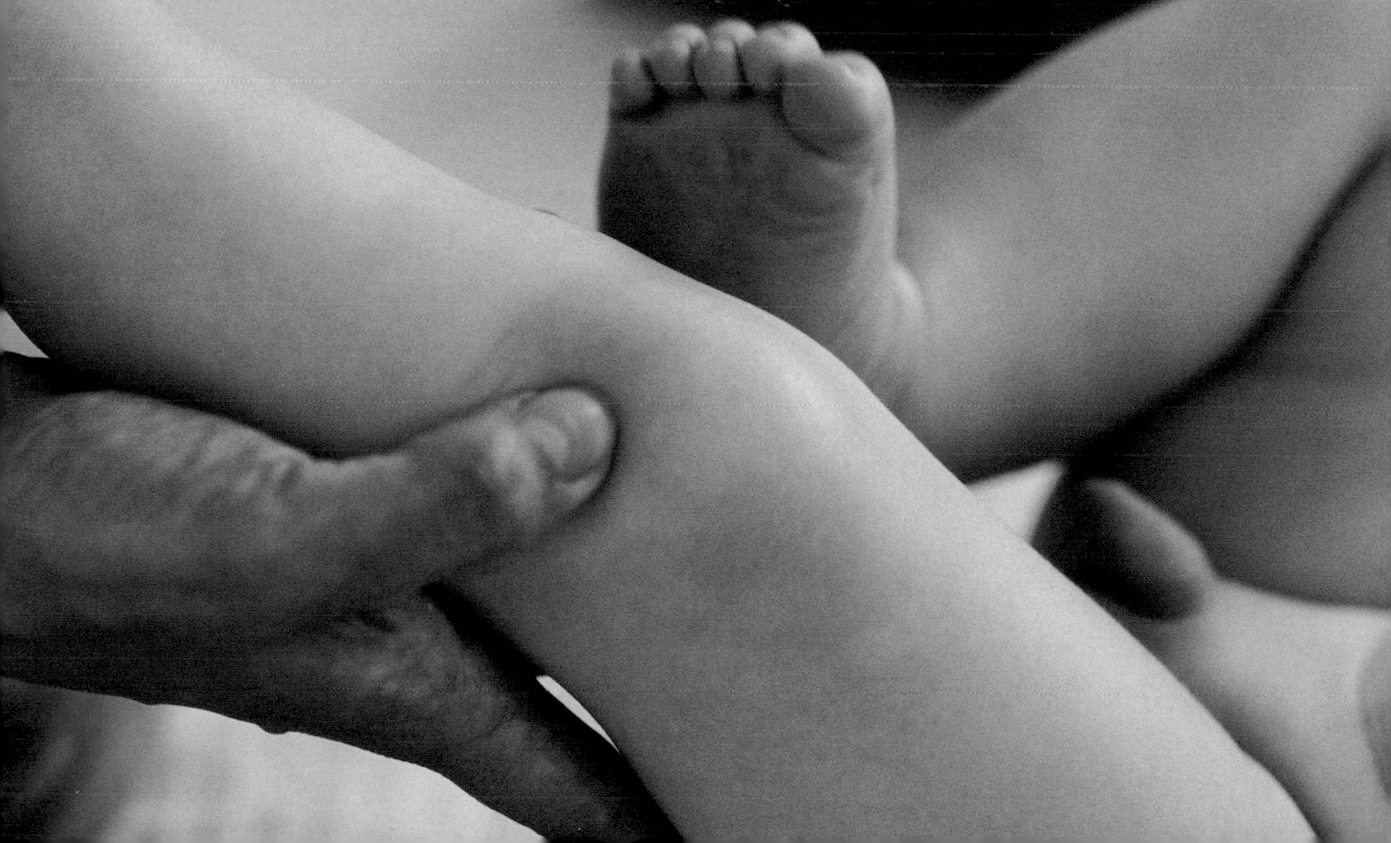
8

las nalgas y el vientre

Las nalgas del bebé están siempre envueltas en pañales y en ropa; el masaje las relaja y permite que se actue sobre el sacro, una zona muy importante para el equilibrio general. El masaje en el vientre da seguridad al niño; tiene una acción beneficiosa sobre la respiración abdominal y alivia las pequeñas molestias digestivas, como el estreñimiento y los dolores de vientre.

Encadenar movimientos deslizantes

Úntese las manos con aceite. Deslice la mano derecha, con la palma hacia arriba, por debajo de las nalgas del bebé **1**, después, deslice la mano izquierda **2**. Cuando retire la mano derecha hacia usted, deslice de inmediato la mano izquierda bajo la base del bebé. Encadene varias veces estos movimientos; esto mece al bebé, que suele balancearse de derecha a izquierda y acompañar con sus risas estas idas y venidas que le proporcionan más seguridad.
Estos movimientos estiran con mucha suavidad la columna vertebral, al doblarse las rodillas sobre el vientre presionándolo ligeramente, y facilitan también la evacuación de gases.

Plano sobre el vientre

Va a dar ahora masaje en el vientre a su bebé, pero con una condición: que no sea inmediatamente después de comer. Respete el tiempo de la digestión, al menos una media hora.
Delicadamente, y según la edad del niño –cuanto más pequeño, más ligero será el tacto–, pose su mano untada de aceite sobre su vientre. Sienta su respiración. Poco a poco, vaya describiendo grandes círculos en el sentido de las agujas del reloj, despacio y con regularidad.

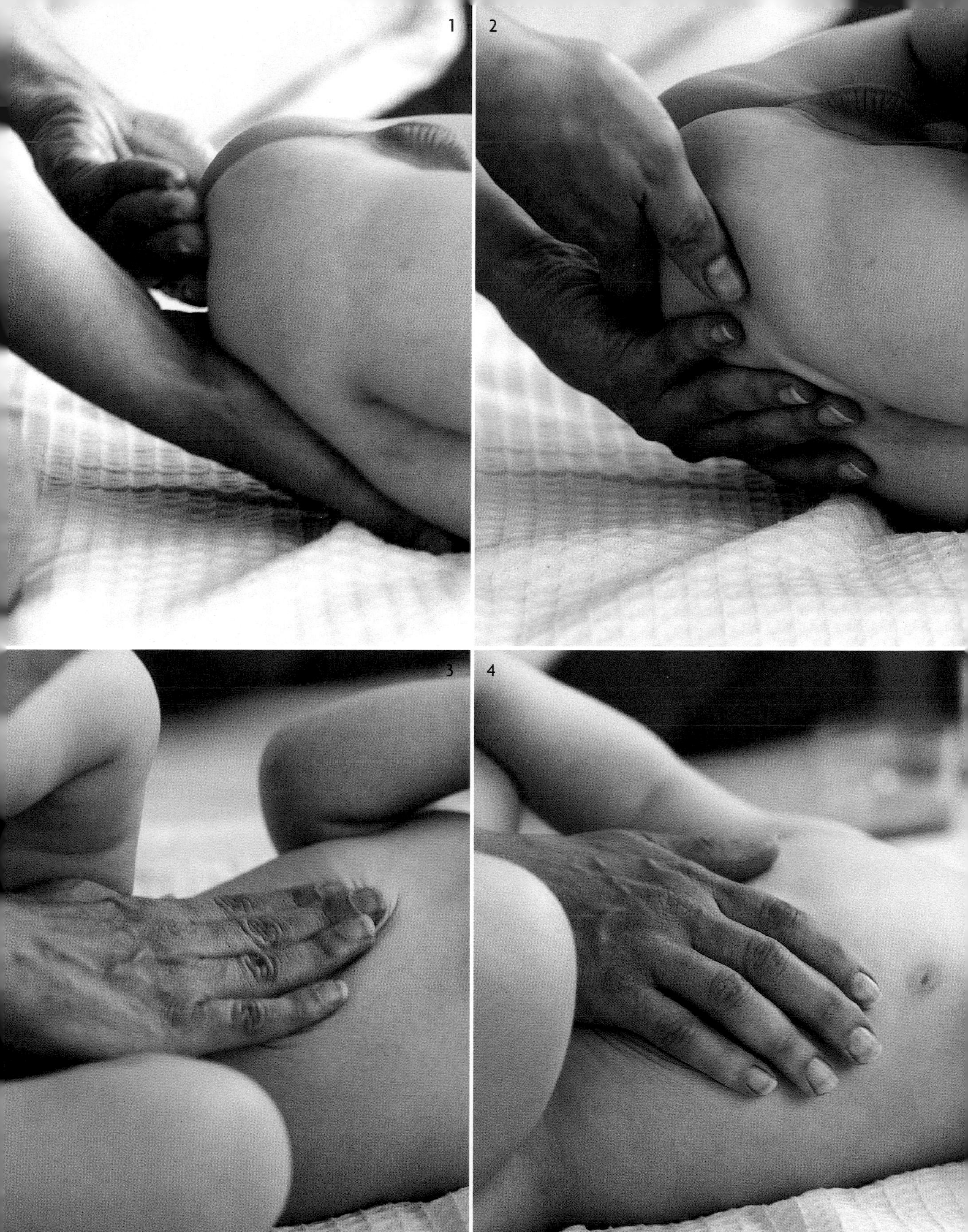
1
2
3
4

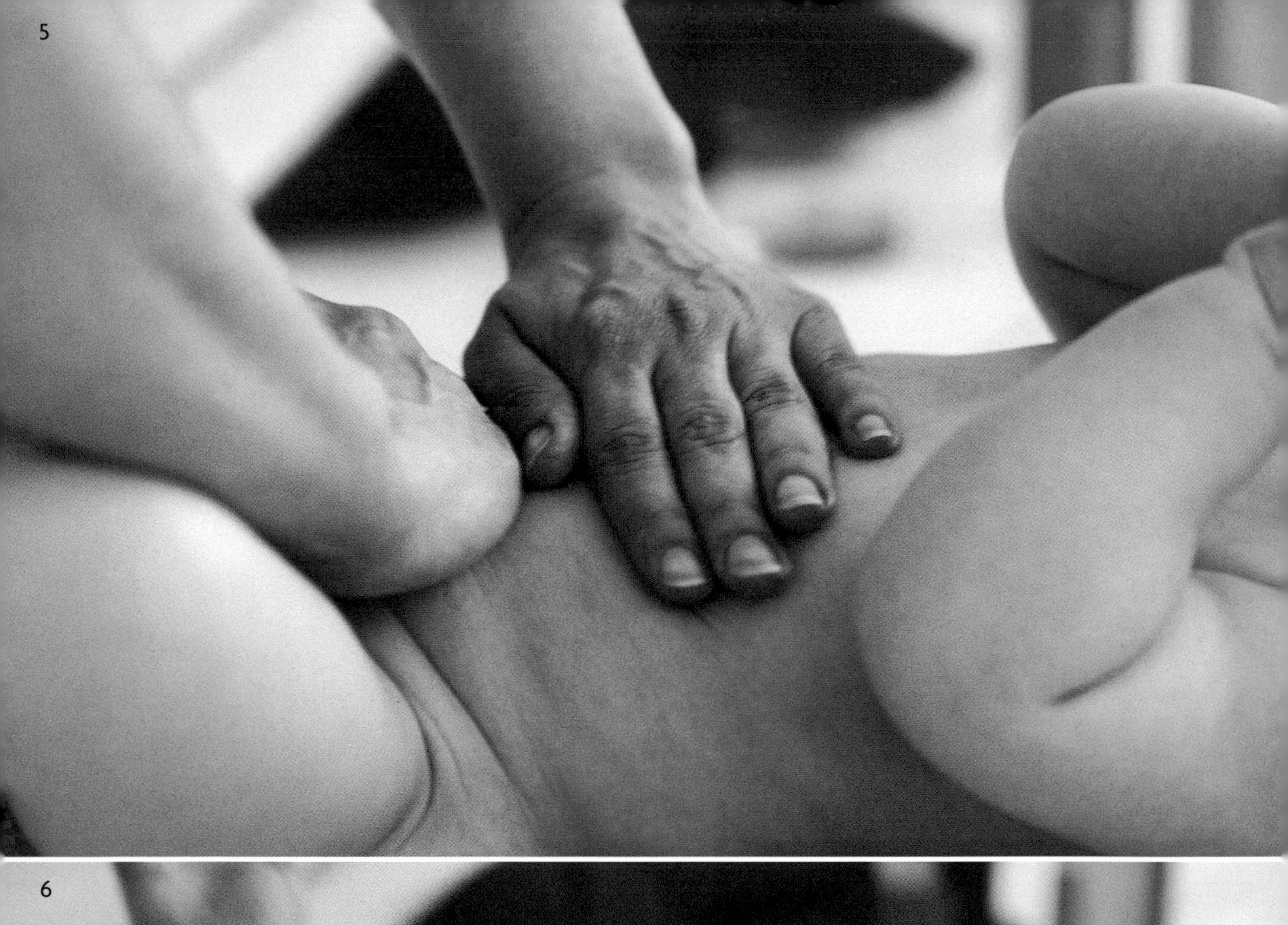

5

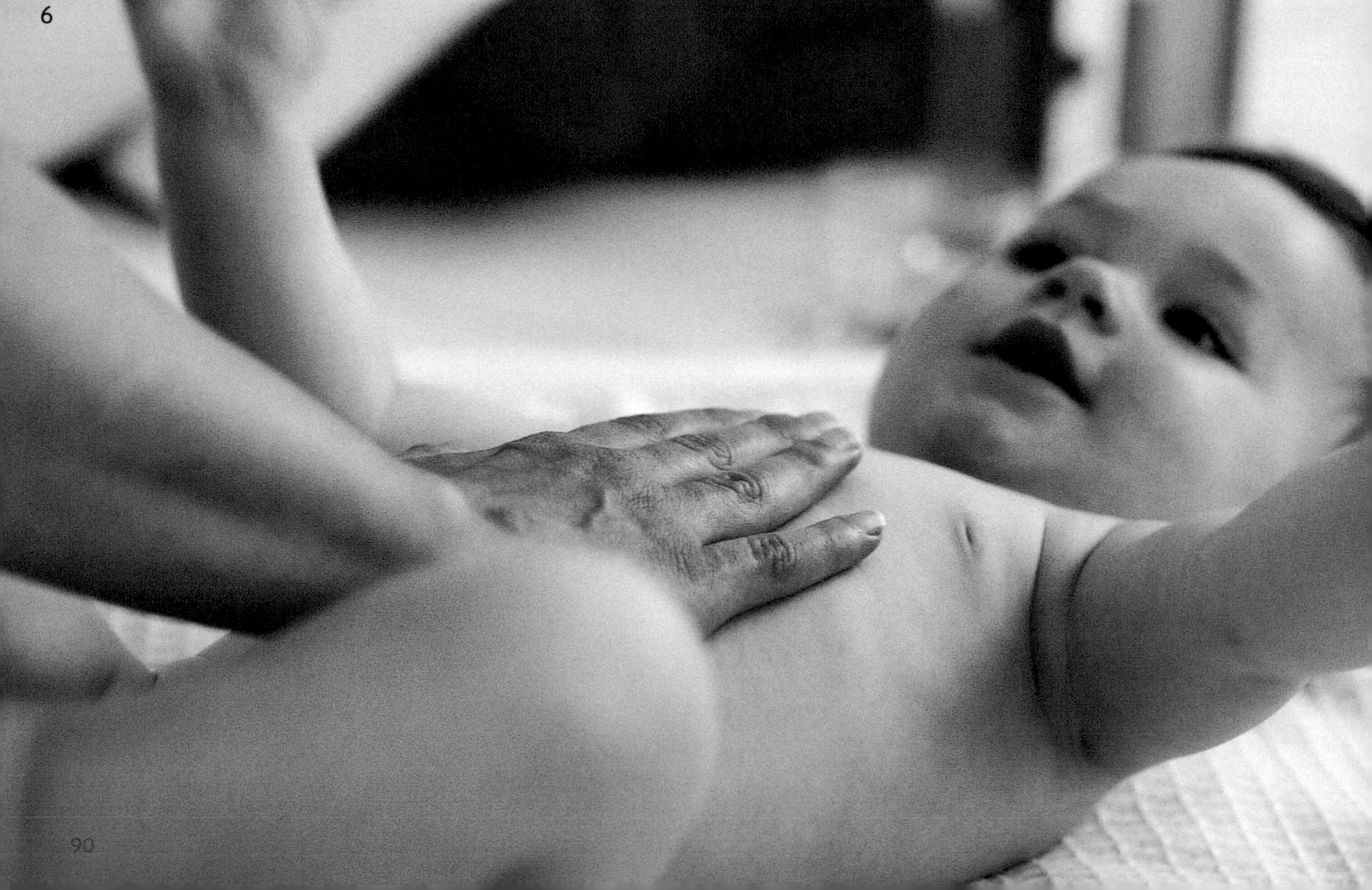

6

Cuando hay dolor

Si su bebé padece cólicos o dolores de vientre (véase p. 121) puede darle masaje en el vientre de arriba abajo, desde el plexo solar hasta el pubis, haciendo un barrido suave con ambas manos; alternando, la mano derecha baja, luego la releva la mano izquierda **5**. Repita este movimiento si percibe más bienestar en el pequeño, que suele evacuar un poco de aire en esta ocasión; está liberando tensiones en los órganos digestivos.

Termine el masaje posando la mano sobre el ombligo del bebé; concéntrese en su respiración **6**.

UNA SESIÓN COLECTIVA

Es posible organizar sesiones de masaje con varios bebés y varias madres. Es una ocasión de encuentros para adultos y niños que interactúan con mucha facilidad, a pesar de que las edades sean distintas. Durante esta época en que se convierten en progenitores y su vida adopta un nuevo curso, las madres y padres suelen alegrarse de poder turnarse. Aunque un grupo de tres o cinco bebés suele ser agradable, necesita una armonía general. Los bebés son sensibles a la atmósfera, y tanto la calma como el llanto se transmiten en grupo muy deprisa.

el pecho, los hombros y el cuello

El masaje del pecho abre el tórax, facilita la respiración de las vías altas y desarrolla la amplitud de los brazos. El bebé alcanza así un espacio más amplio. El masaje de los hombros despeja el cuello y la cabeza, y da flexibilidad a las articulaciones. Resulta especialmente adecuado en cuanto el bebé empieza a ponerse boca abajo y a empujar apoyándose con los brazos.

Un movimiento de apertura

Ponga las manos planas a la altura del corazón del bebé **1**. Déjelas deslizarse a ambos lados del pecho, con un movimiento de apertura, como si abriera un libro. Puede variar el movimiento dejando que las manos se deslicen hasta las axilas, y bajándolas a lo largo de los costados **3**. A continuación, vuelva a subir desde el plexo solar y encadene de nuevo con ese movimiento amplio de apertura. Si el pequeño deja los brazos sueltos, vuelva a la apertura desde el esternón y prolongue el movimiento hasta el final de los brazos abiertos en cruz **4**.

MASAJE Y MUÑECO

Si su bebé quiere tener un muñeco durante el masaje, déjelo, pues no es un impedimento, en absoluto. Sencillamente, necesita sentirse a gusto. El masaje es un momento de descanso y relajación.

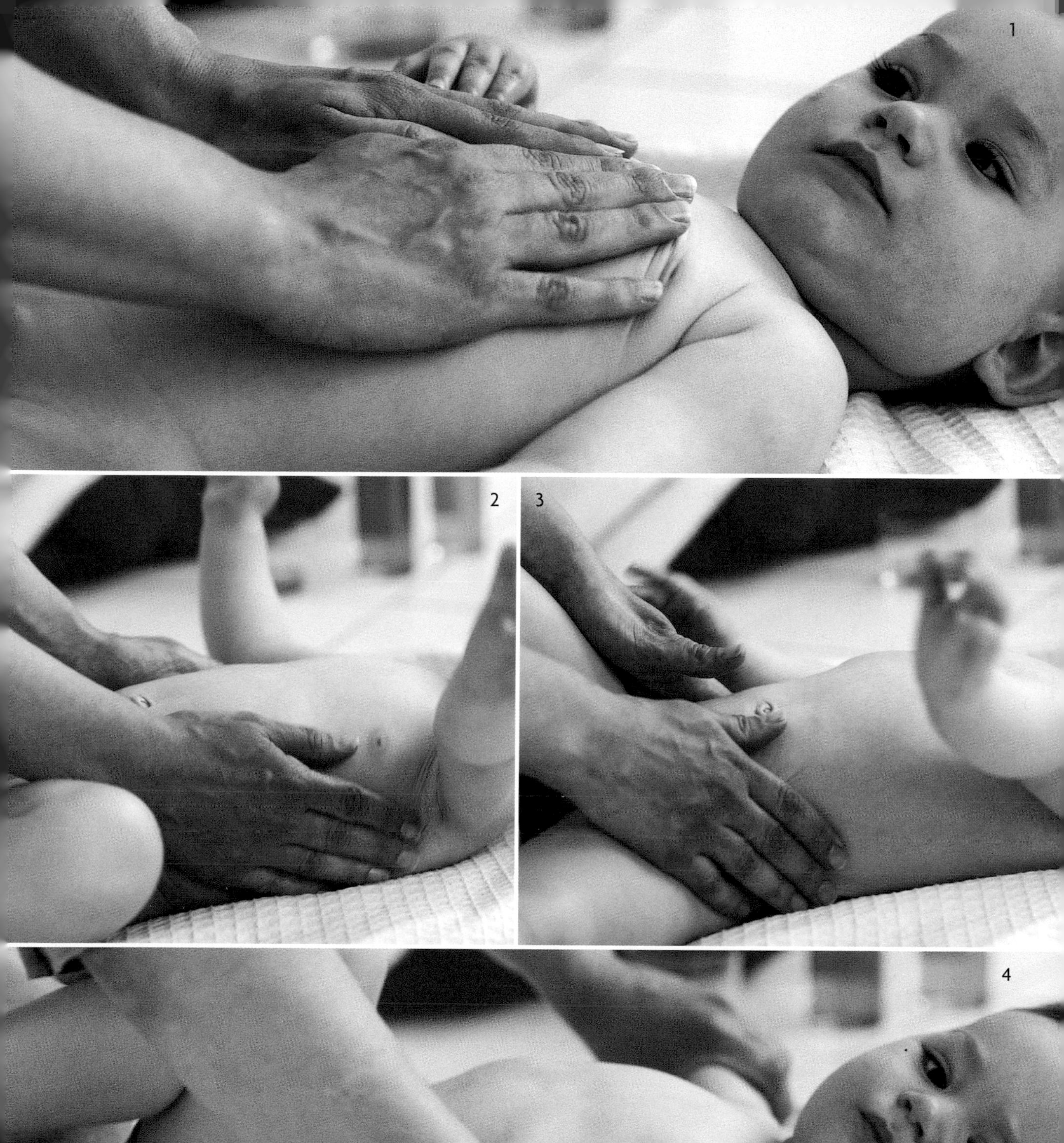
1
2
3

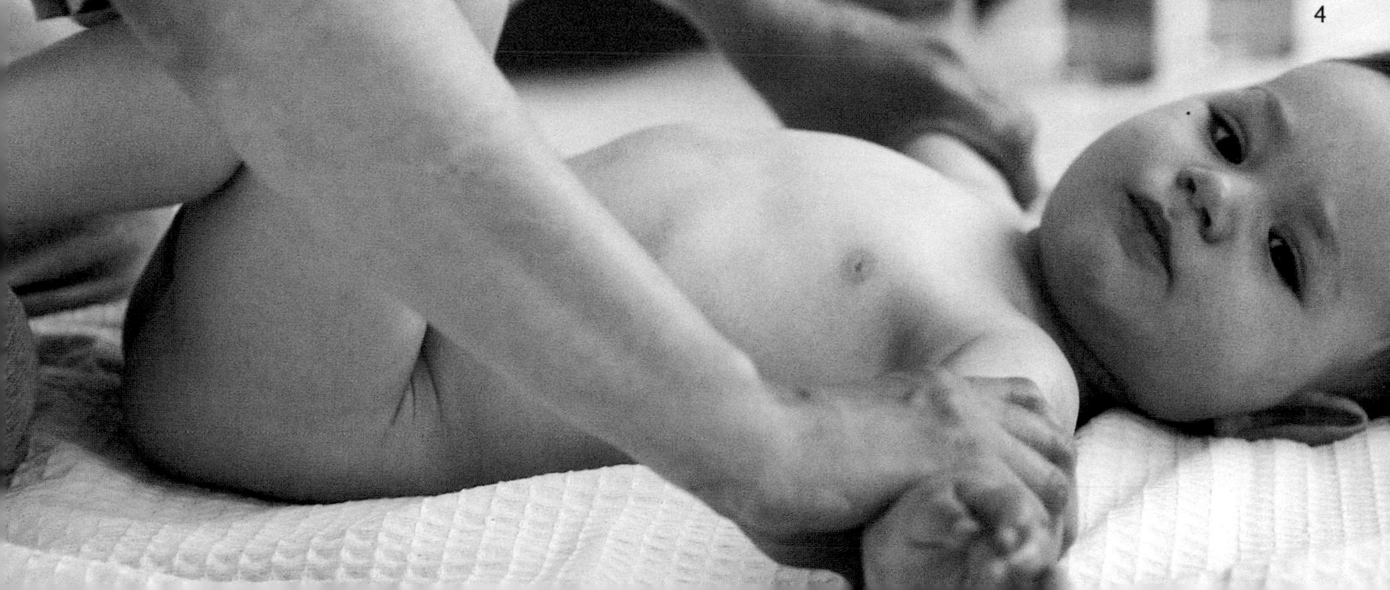
4

Movimiento en diagonal

Existe otra variante del movimiento de apertura. Partiendo del corazón, lleve la mano derecha en diagonal hacia el hombro derecho de su bebé y, simultáneamente, lleve la mano izquierda hacia su cadera izquierda **5**. Realice el mismo movimiento en el otro lado: deslice la mano izquierda hacia el hombro izquierdo del bebé y la mano derecha hacia su cadera derecha **6-7**. Para terminar, descanse las dos manos planas sobre su pecho. En el masaje del pecho la regla es la siguiente: dar siempre el masaje del centro hacia la periferia.

Golpecitos en el pecho

Con las puntas de los dedos, dé golpecitos en el esternón y el tórax de su bebé **8**. La resonancia que se produce a menudo provoca que el niño realice vocalizaciones y ruidos que lo asombran y divierten. Por otra parte, en caso de enfriamiento, es una manera muy suave de facilitar la evacuación de mucosidades.

5
6
7
8

El cuello y los hombros

El cuello de un bebé es, a veces, poco accesible; sin embargo, es una zona que hace mucho esfuerzo cuando el bebé está boca abajo. En esta posición, si el bebé deja la cabeza suelta, deslice los dedos sobre sus hombros y dé masaje en pequeños círculos; luego, amase los trapecios con suavidad **9-10-11**.

Para el cuello, ponga las manos en forma de pinzas y haga movimientos de vaivén a lo largo de su nuca **12**.

DAR MASAJE AL BEBÉ DE UNA AMIGA

En cuanto usted ha aprendido a dar masaje a su propio bebé, su mejor amiga quiere confiarle el suyo para que haga lo mismo. ¿Es una buena idea? Si tienen una relación muy estrecha, si el niño está de acuerdo y si se hace en presencia de su madre, por qué no. Lo ideal sería que su amiga descubriera el deseo y la dicha de dar ella misma el masaje a su bebé. Usted será, con seguridad, su mejor ejemplo.

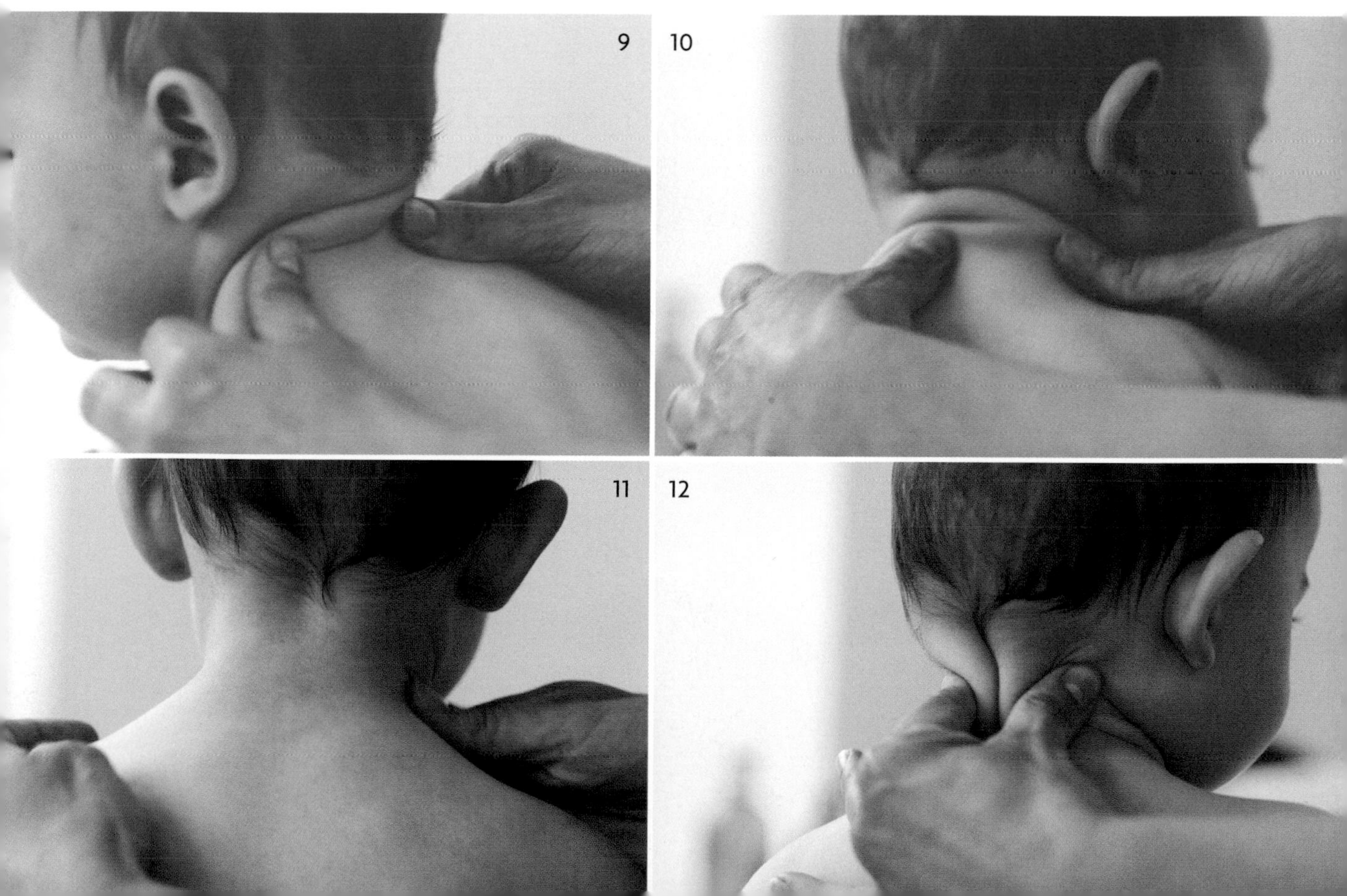

9 10 11 12

la espalda

En el vientre materno, la pequeña espalda arqueada del bebé se ofrecía ya a los dedos de sus padres. El masaje relaja, fortalece los músculos a lo largo de la columna vertebral y de las costillas y alarga la espalda; aporta equilibrio y una sensación de unidad del conjunto del cuerpo. Cuando el bebé está tumbado sobre el vientre se producen igualmente repercusiones sobre la respiración y sobre los órganos abdominales que se trabajan de forma suave.

Movimientos longitudinales

Estire al bebé sobre el vientre, abundante perpendicular a usted. Si está sentado en el suelo, con las piernas estiradas, ponga al bebé sobre los muslos; su espalda queda entonces un poco arqueada. Póngale abundante aceite en la espalda describiendo círculos o símbolos del infinito (∞) a lo largo de la espalda o en sentido transversal, yendo de un lado al otro. Colóquele una mano sobre las nalgas, como para sujetarlo con firmeza. Con la otra mano plana, vaya desde la nuca hasta las nalgas. Ejerza una presión suave pero firme **1-2**. Repita el movimiento varias veces, como una ola. Los plieguecitos de la espalda parecen juntarse en las nalgas del bebé.

Desde la nuca hasta los pies

También puede sujetar los tobillos del bebé e ir bajando con la mano que da el masaje, desde la nuca hasta la punta de los pies, pasando sobre la parte posterior de las piernas **3**. Insista un poco en el hueco poplíteo, detrás de las rodillas **4**.

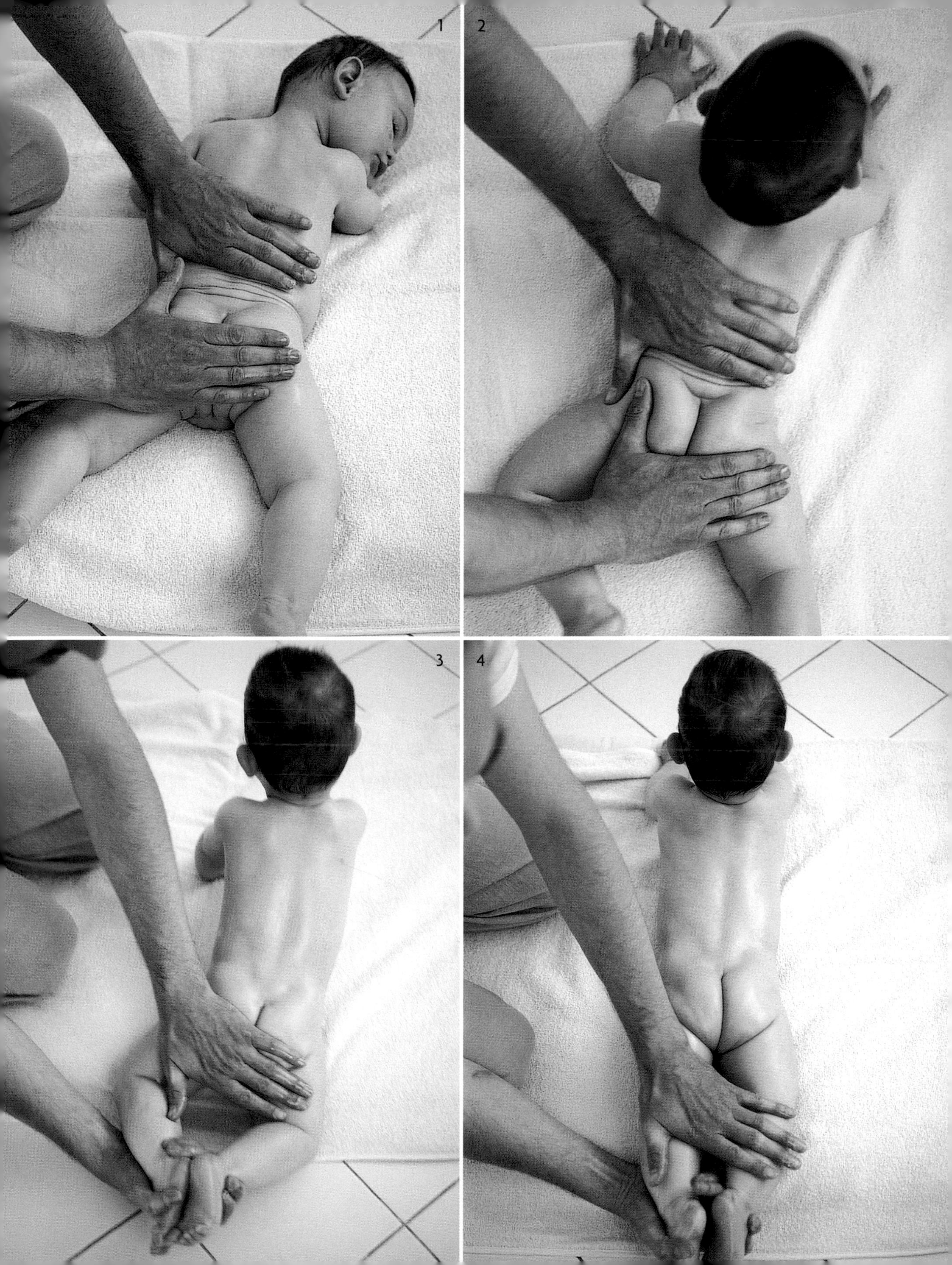

1
2
3
4

A lo largo de la columna vertebral

Trace pequeños círculos sobre el cóccix de su bebé con la punta de los dedos 5 –el anular y el corazón–; luego, ponga el dedo corazón plano, en el centro de la espalda, sobre la columna vertebral 6. Suba con la mano hasta la nuca 7, deslícese hasta un hombro, resígalo y vuelva a lo largo del costado, con la mano plana 8.

Repita por el otro lado. Ha dibujado un amplio infinito (∞) sobre la espalda del niño. Cada uno de sus dedos debe sentir la parte de la espalda que está tocando. Modere el apoyo sobre la columna vertebral; recuerde que debe aligerar la presión de la mano al pasar sobre las lumbares.

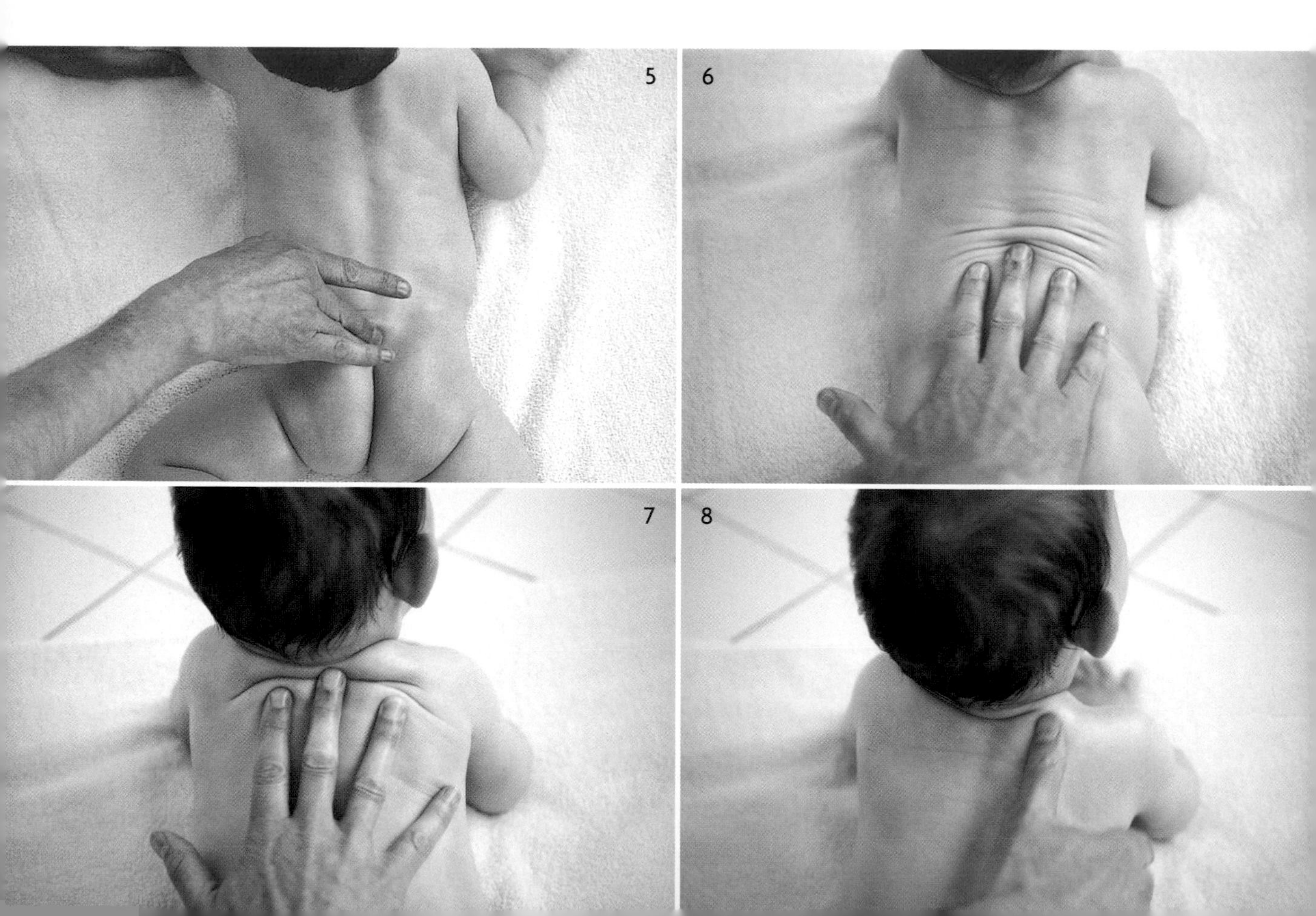

Movimientos transversales

Ponga las dos manos planas sobre la espalda del bebé, perpendiculares a su columna vertebral. Haga un movimiento alterno que vaya de un costado al otro, a modo de un zigzag envolvente **9**. El movimiento parte de la nuca y va hasta el cóccix **10**. Una bien su mano a la espalda del bebé. La palma y todos los dedos deben participar y adoptar la forma del cuerpo del niño.

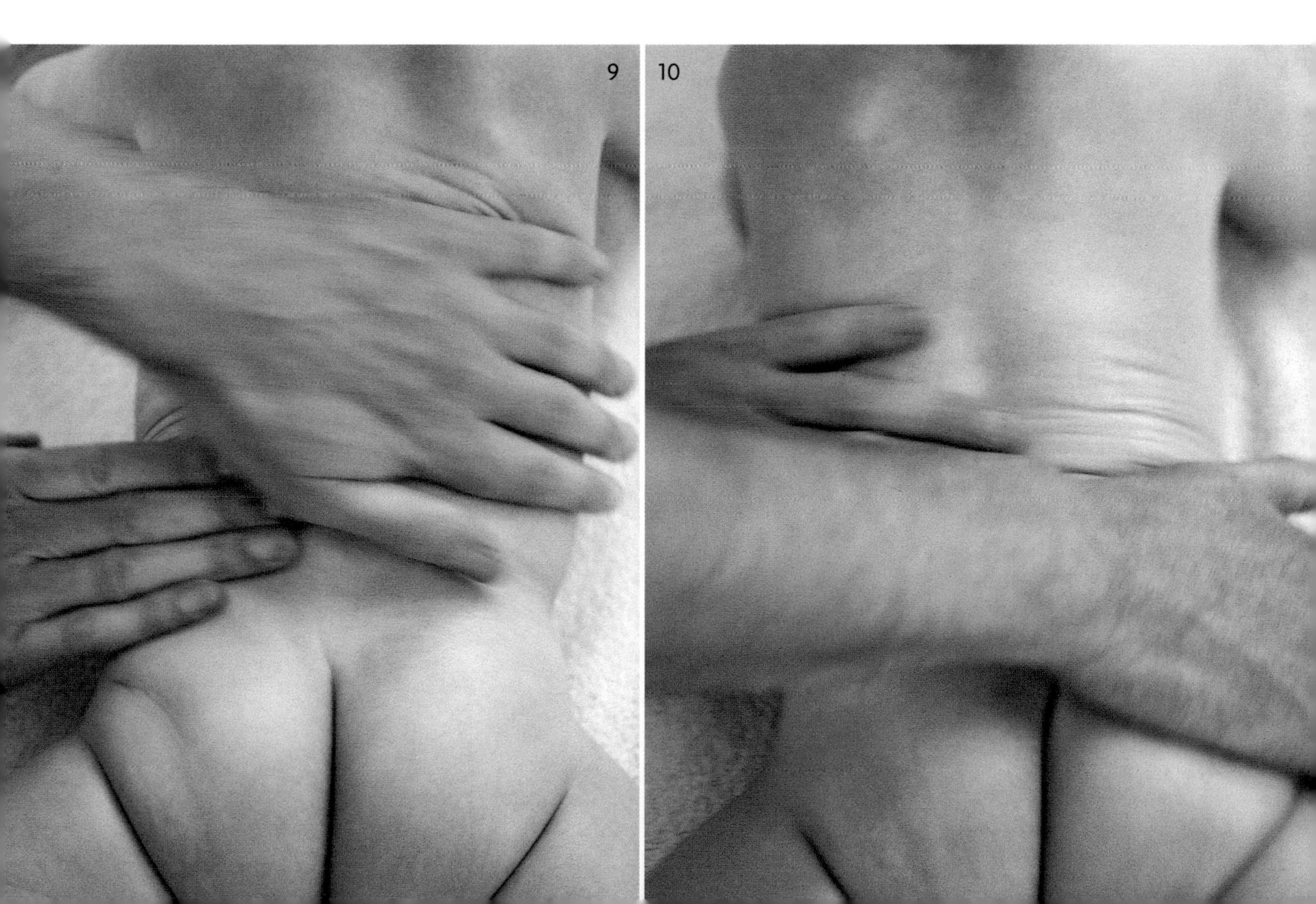
9 10

los brazos y las manos

El masaje de los brazos estira y relaja los músculos, flexibiliza la articulación del hombro y abre la caja torácica. El masaje de las manos, por su parte, afina una sensibilidad particular, ya que los dedos, dotados de una extrema finura, tienen una gran capacidad para percibir el mundo exterior.

Empezar por la zona interna del brazo

Dé el masaje a un brazo después del otro; con las manos, baje por el interior del brazo de su bebé, desde la axila hasta la palma **1**. Luego, suba por la parte externa del brazo hasta el hombro **2**. Repita este movimiento varias veces siguiendo el movimiento de una ola.

Realizar movimientos circulares

Aplique aceite con precaución con movimientos circulares en cada articulación de cada uno de los dedos **3**, así como en las muñecas, los codos y los hombros. Si el bebé no desdobla los brazos fácilmente, no insista, ya lo hará más tarde; a veces prefiere jugar con pequeños objetos. Con las dos manos, efectúe alrededor de sus brazos movimientos circulares a modo de «brazaletes», como si hiciera pequeños escurridos, muy suaves, del hombro hacia la muñeca y hasta la punta de los dedos **4**.

Las muñecas, las manos y los dedos

Tras masajear el otro brazo y después ambos brazos a la vez, si el bebé quiere y se presta a hacerlo, continúe con las manos, de forma parecida a como lo ha hecho con los pies (fotografías pp. 101 y 102). Antes de nada, ponga aceite en abundancia en las manos del bebé y dé masaje a cada dedo, en especial en las yemas y en las articulaciones de las falanges **5**. Después, con el pulgar, dibuje pequeños círculos en la palma de cada mano, en el sentido de las agujas del reloj **6**. Unte con aceite la articulación de cada muñeca **7** y, con los pulgares, alise el dorso de las manos con pequeños movimientos que irán desde la muñeca hasta los dedos **8**.

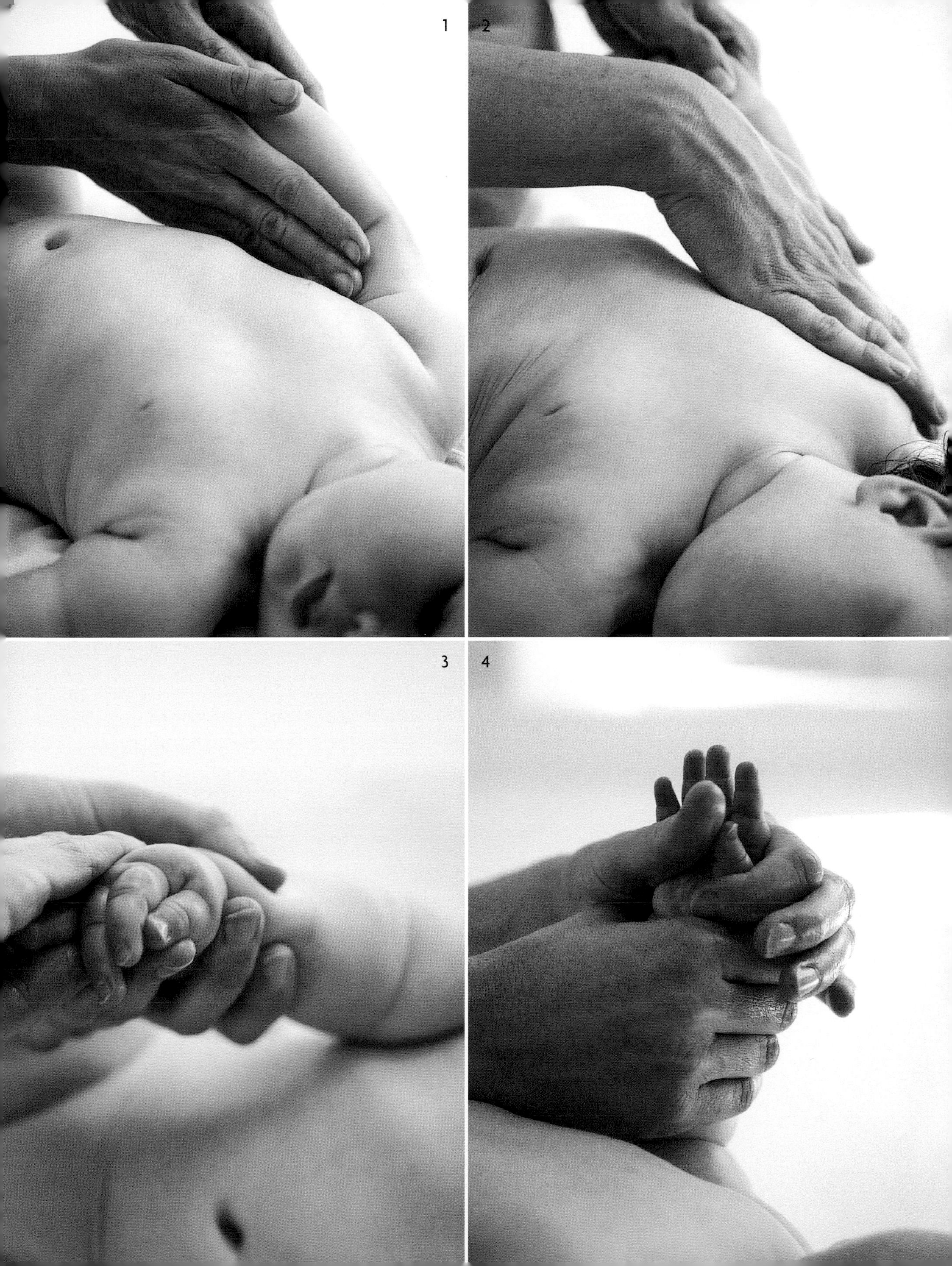
1
2
3
4

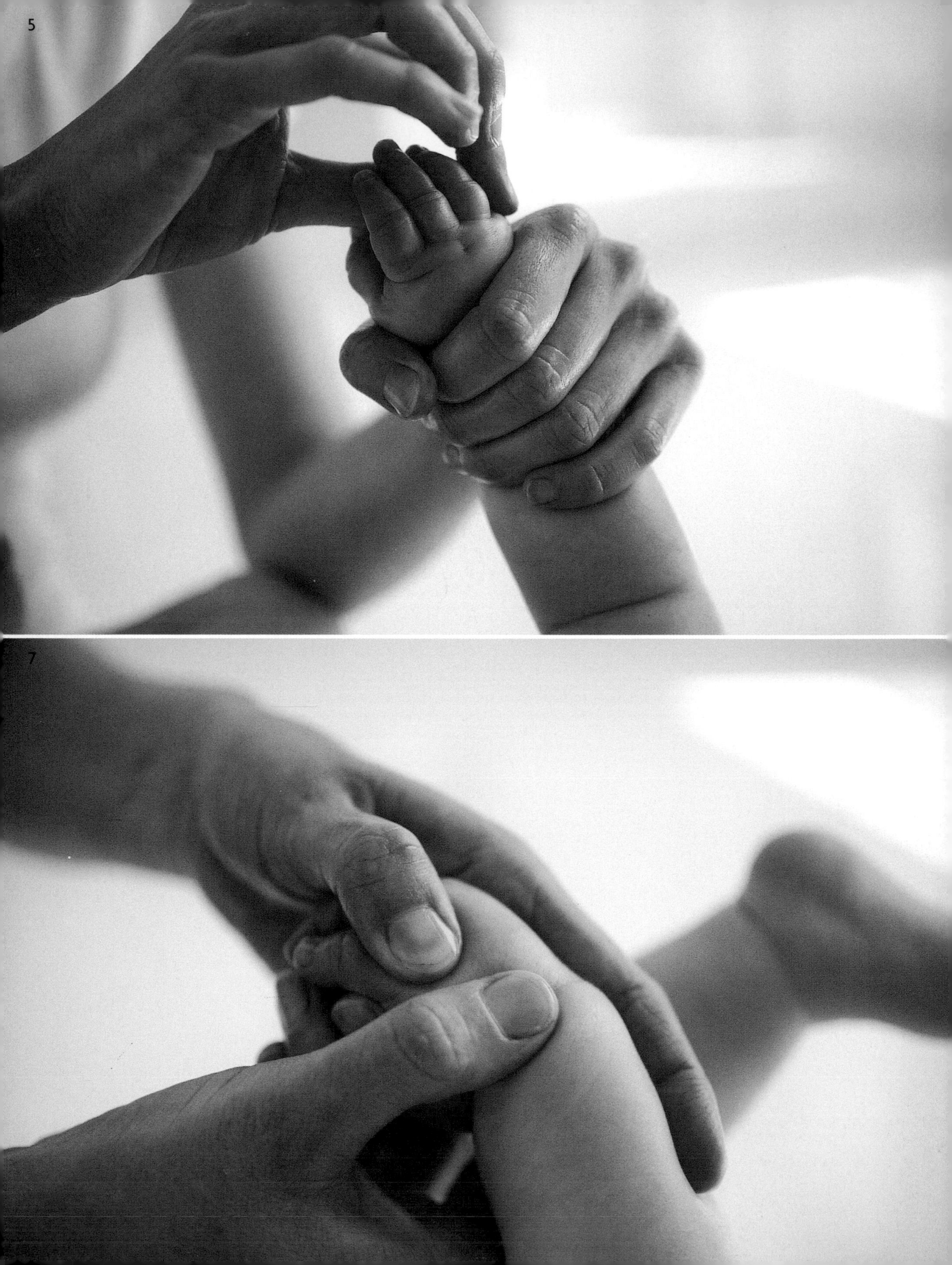
5
7

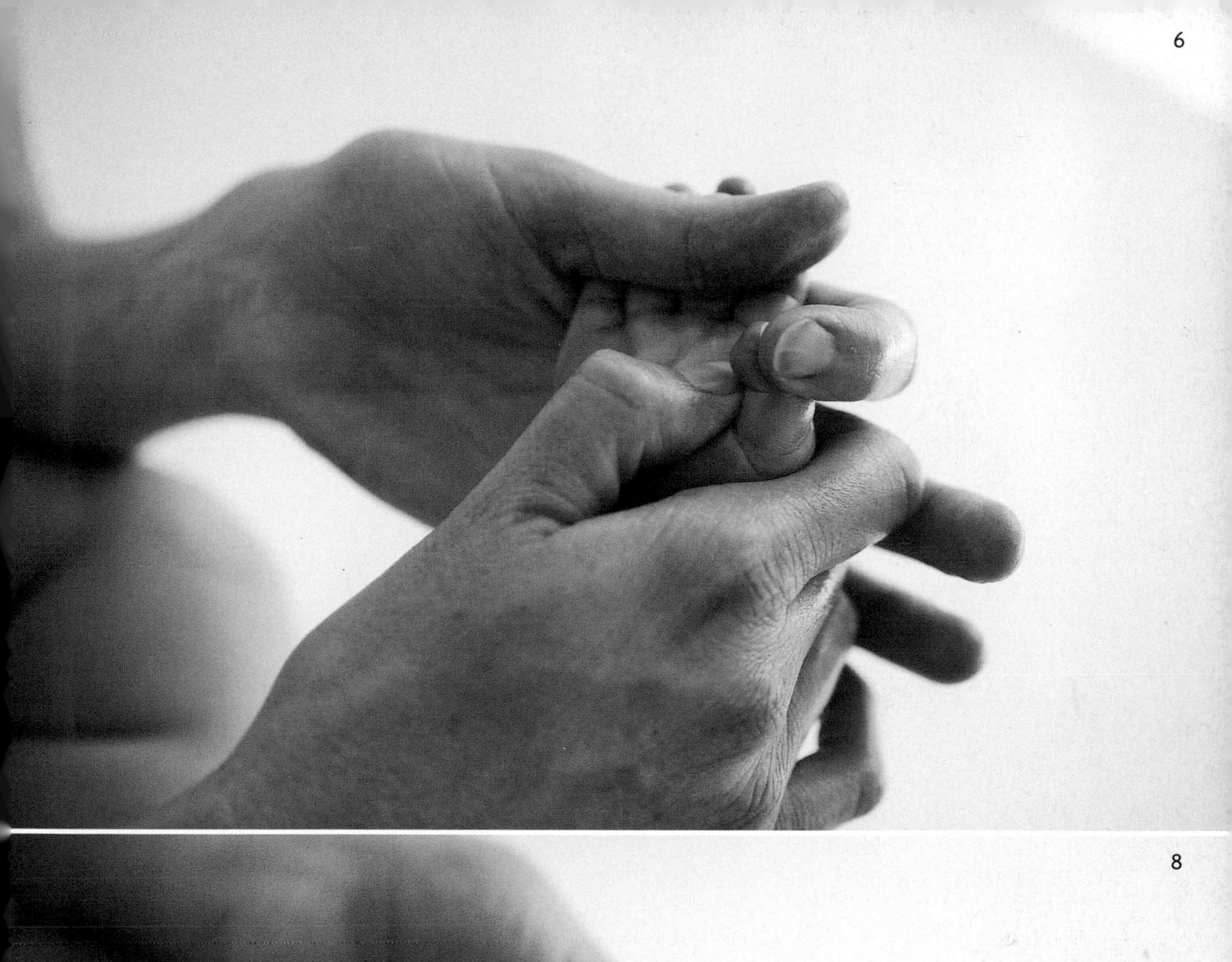
6

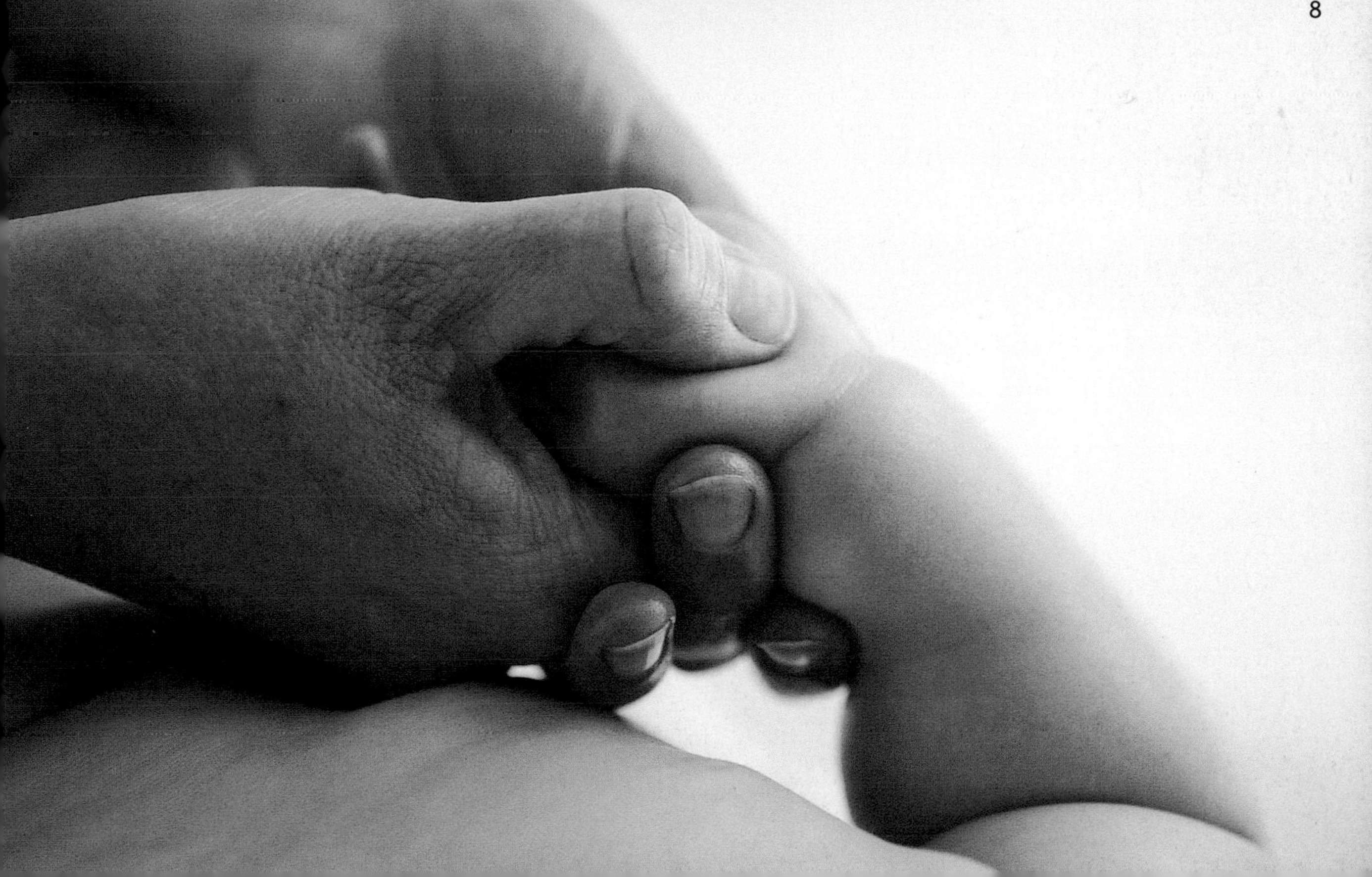
8

la cabeza y el rostro

El «camino» que recorre el bebé durante su nacimiento proporciona un verdadero masaje; durante las contracciones, y con el avance progresivo del bebé fuera del útero materno, se ejercen diversas presiones en su cabeza y una acción sobre sus células nerviosas y la columna vertebral. Así pues, el masaje de la cabeza será particularmente beneficioso para un niño nacido por cesárea o si duerme siempre sobre el mismo lado. El masaje del rostro pone el punto final a la sesión, caracterizándose por ser sencillo y corto y requerir una confianza especial. Si el masaje del rostro de su hijo le parece delicado, empiece por practicar consigo misma o con otro adulto, para descubrir su fisonomía.

Golpear suavemente la cabeza

El masaje de la cabeza debe practicarse de una forma muy delicada con los más pequeños; la fontanela está abierta hasta el primer año; el tabique en este lugar permanece flexible porque los huesos aún no están completamente soldados.
Unte abundantemente con aceite la cabeza de su bebé y envuélvala con sus manos **1**. La aplicación del aceite tiene ya por sí sola un efecto calmante. Puede centrarse en este punto y no seguir, si así lo desea. En la parte de arriba, sobre la fontanela principal, dé golpecitos muy suaves con la palma de la mano como para hacer que penetre el aceite. Se necesita, por supuesto, una extrema suavidad. A partir de los seis meses, podrá dar golpecitos suaves con las yemas de los dedos sobre la cabeza, como una lluvia fina **3**. Después, movilice el cuero cabelludo, como si estuviera lavándolo con champú **4**. Puede insistir un poco por detrás de las orejas, sobre la parte ósea.

Dejar actuar el aceite

El aceite tiene un excelente poder de penetración en la piel, y su acción es profunda –de ahí la necesidad de utilizar un aceite de excelente calidad–; en la India se utiliza aceite de ricino, con poder calmante, o aceite de coco, pero el aceite de sésamo también servirá. Deje que el aceite actúe en los cabellos del bebé; los nutre y continúa su acción calmante incluso después de la sesión. Tras este masaje, cubra la cabeza del bebé para que no tenga sensación de frío, sobre todo si va a salir de casa.

1
2
3
4

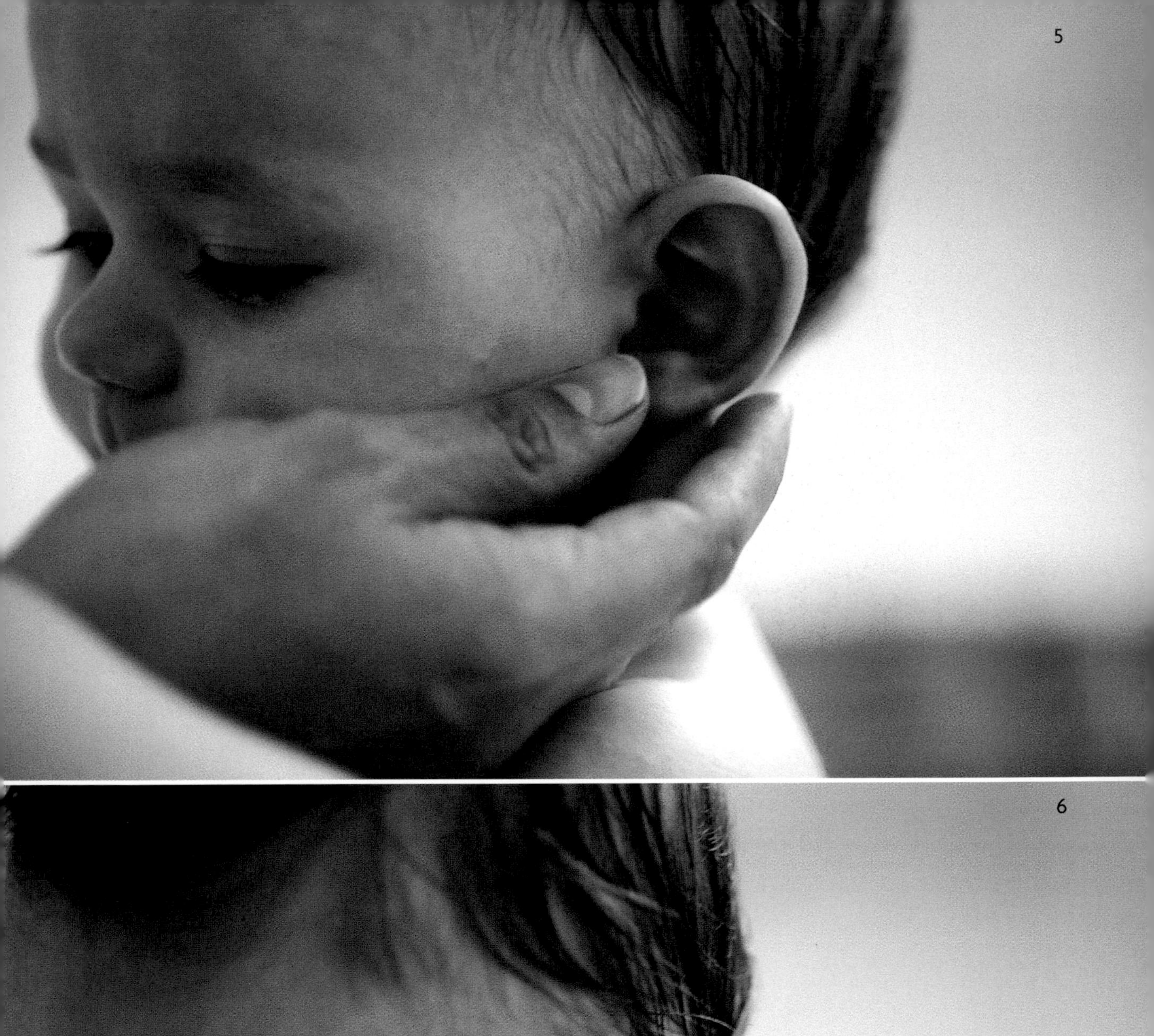

5

6

Masaje en las orejas

El conjunto del cuerpo está representado en la oreja, que tiene la forma de un feto cabeza abajo.
Las orejas están constituidas por cartílago y son, en general, muy flexibles. Deles masaje delicadamente, explorando sus pequeños repliegues, como si quisiera dibujarlas **5-6**. Puede arrugarlas, doblarlas y estirarlas, siempre con mucha suavidad. Para terminar, durante unos segundos, coloque las manos sobre las orejas del niño como si fueran unos cascos.

La frente, la nariz, los pómulos

La regla que hay que observar es dar siempre el masaje del centro hacia la periferia.
Alise la frente con los pulgares, partiendo del centro hacia las sienes, siguiendo líneas paralelas. Después, dibuje el arco de la ceja de la raíz hacia la punta **7**. Puede apoyarse un poco sobre la estructura ósea.
A continuación, deslice los pulgares hasta la raíz de la nariz **8**, y después muévalos con delicadeza sobre la parte de arriba de los pómulos y por debajo; esto hará que los agujeros de la nariz del bebé queden despejados.

La boca, las mejillas, la barbilla

Dibuje el contorno de la boca del bebé por arriba y por debajo. Deslice los dedos hasta delante de la oreja, que es el punto de unión de las líneas que acaba de trazar.
Dé un poco de masaje a las mejillas sobre la parte blanda, entre las mandíbulas, para relajarlas bien **9**. Dé masaje a la barbilla. Termine con una suave caricia al conjunto del rostro de su bebé, yendo siempre del interior hacia el exterior.

SI HA ADOPTADO AL BEBÉ

Dar un masaje a un niño es una excelente ocasión para tejer lazos carnales, los que suelen ser propios de un embarazo, y de desarrollar una fuerza afectiva entre padres e hijos. Déjese llevar por lo que sienta, si el bebé lo comparte. Acepte su ritmo, sea paciente y esté atento.

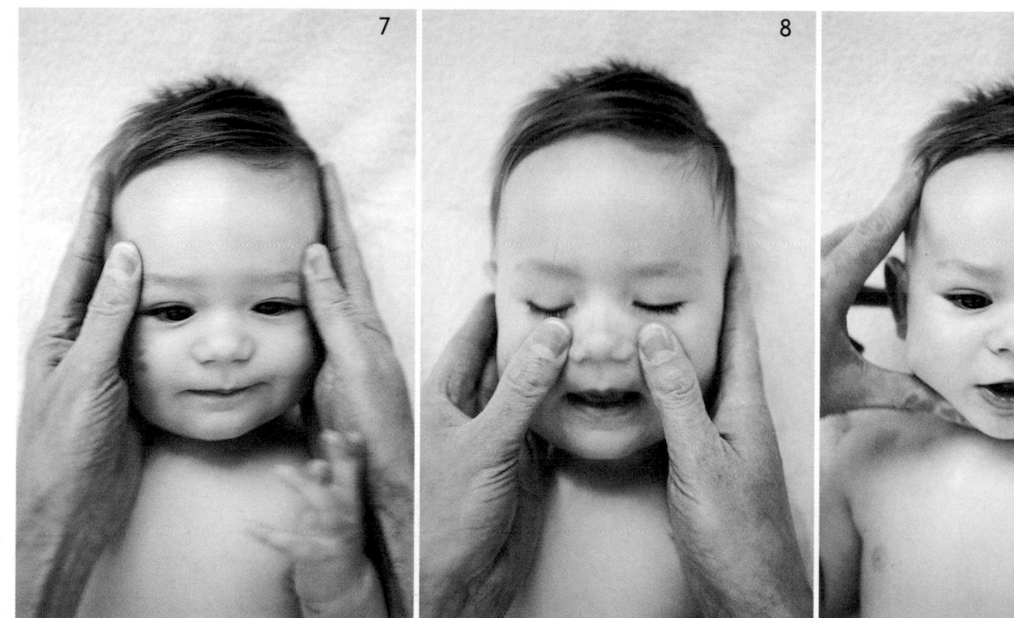
7
8

9

Y ahora, idé rienda suelta a la imaginación!

Acaba de aprender todo lo que necesita para dar masaje a su bebé. Ahora, procure olvidarlo todo y déjese guiar por el corazón, trátelo como una escultura, modele el cuerpo de su pequeño, explore sus plieguecitos y sus hoyuelos, insista en las articulaciones sin pensar demasiado en lo que ha aprendido. Un masaje tranquilo y consciente es el complemento perfecto a una pequeña aproximación técnica. Cuando haga el masaje, dé rienda suelta a la imaginación, déjela trabajar y, como sobre una página en blanco, dibuje algo maravilloso sobre su hijo. Puede hacer todo lo que quiera; el masaje es un dibujo, un arte, una creación. Cuando el masaje haya terminado, acuérdese de darle las gracias a su bebé. Él ha confiado en usted y le ha brindado un momento delicioso.

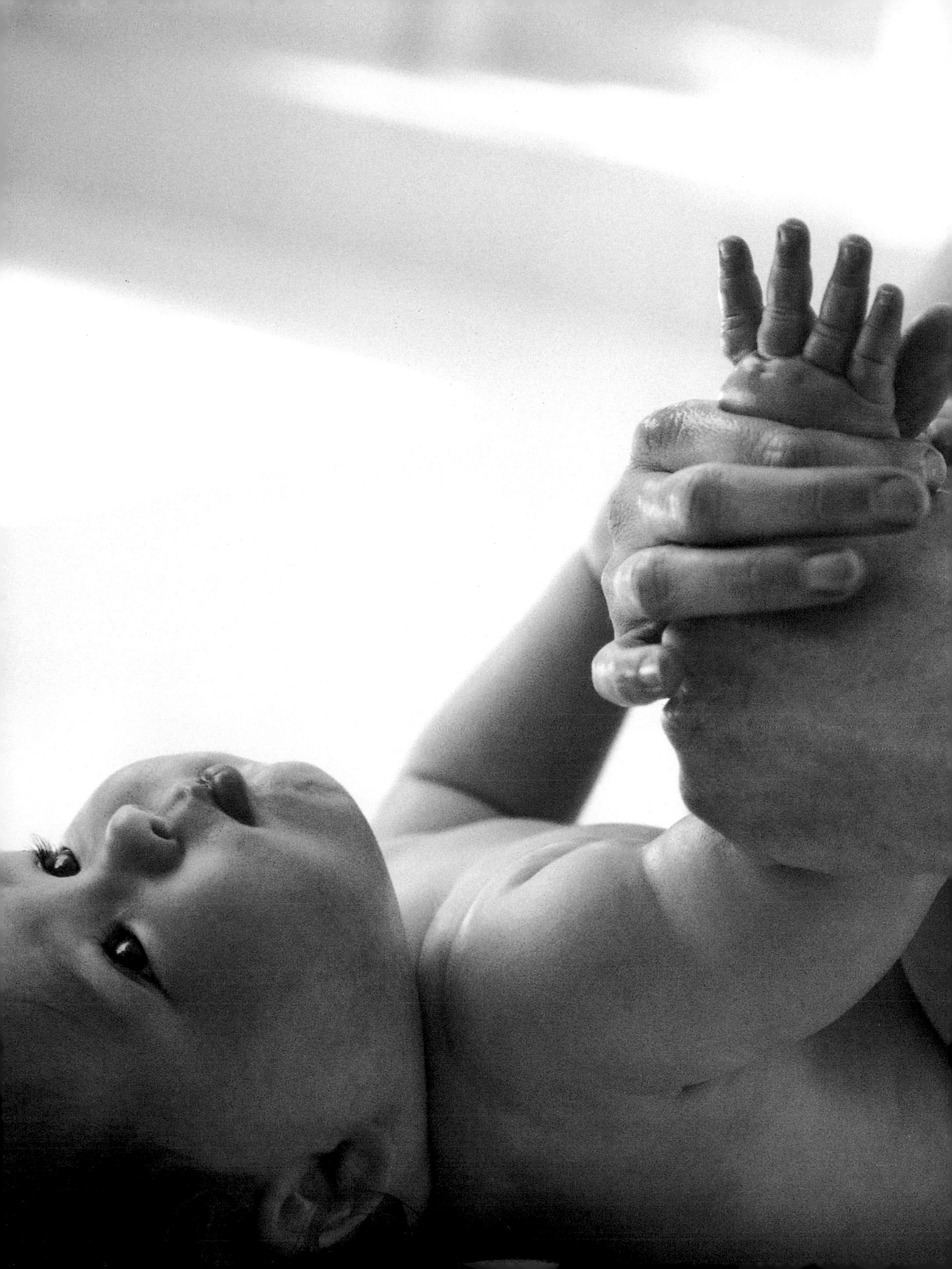

algunos estiramientos

Tras la sesión de masaje, puede proponer a su bebé algunos estiramientos (encontrará las fotografías en las páginas siguientes). Seguramente le recordarán algunas posturas de yoga que, en realidad, son posiciones naturales para un bebé. He aquí otros tantos juegos que le proporcionarán a su pequeño la oportunidad de descubrir su cuerpo.

Escuchar sus deseos ocultos

En muchas ocasiones, el bebé le va a sugerir un movimiento, como si lo hiciera antes de que usted se lo proponga. Se ha establecido una comunicación sutil entre el bebé y la madre; ella escucha su deseo oculto y considera si es o no el momento apropiado para rascarle la espalda o levantarle los brazos, acariciarle el vientre o doblarle las piernas.

Relajación y juego

En todos los ejercicios que se describen a continuación –y cuyas fotografías se encuentran de la página 112 a la 117– respete ante todo la morfología de su bebé y, sobre todo, su deseo. En ningún momento debe forzarlo; se trata simplemente de relajarse y jugar. Si está dispuesto, colóquelo sobre la espalda, ante usted, en el suelo. Por otra parte, todos estos ejercicios pueden practicarse de forma individual, en cualquier momento del día, fuera de la sesión de masaje; el bebé puede entonces estar vestido.

Las rodillas sobre el vientre

Tome los pies de su bebé de manera que tenga las piernas juntas, una contra otra, estiradas **1**. Dóblele las rodillas y llévelas sobre el vientre **2**. Presione ligeramente y luego vuelva a estirarle las piernas. Repita este estiramiento tres veces. Este ejercicio relaja la parte baja de la espalda, que se arquea, y facilita la evacuación de gases. El vientre recibe un delicado masaje y las articulaciones de las caderas se vuelven más flexibles.

Separar las rodillas

Colóquele las plantas de los pies una contra otra. Las rodillas del bebé se abrirán entonces, de forma natural, hacia el exterior. Levante un poco los pies y dele golpecitos en los muslos con las puntas de los dedos. Este ejercicio, llamado «la mariposa», relaja las piernas y las articulaciones.

Cruzar las piernas

Cruce con mucha suavidad las piernas de su bebé en posición fetal **3**. Lleve sus rodillas sobre el vientre y crúcele los tobillos. No insista si él se resiste. Este ejercicio relaja las articulaciones, proporciona un masaje a los órganos internos del vientre, estira y relaja la zona lumbar.

Estirar los brazos

Estire los brazos de su bebé a lo largo del cuerpo **4**. Luego, estíreselos por encima de la cabeza, varias veces, a un ritmo muy lento **5**. Este ejercicio abre la parte superior de la caja torácica y facilita una respiración amplia y fluida, la base del yoga.

Abrir la caja torácica

Cruce los brazos del bebé sobre el corazón **6**, luego ábralos como las alas de un avión, con suavidad **7**. Este ejercicio facilita la respiración costal, amplifica la inspiración y permite alcanzar un máximo nivel de espiración.

Estirar el cuerpo

Cruce la pierna izquierda del bebé de manera que su pie izquierdo toque su hombro derecho –o se quede cerca de él– **8**. Hágale tocar la cadera izquierda con su mano derecha. Repita el movimiento con el otro lado. Atención: todo ello debe realizarse de una forma muy natural; sobre todo, no hay que forzar esta postura. Es un ejercicio que estira el conjunto del cuerpo en diagonal, flexibilizando las articulaciones de las caderas y de los hombros.

Levantarlo por entero

Levante con mucha suavidad las piernas del bebé sujetando con firmeza los pies. Levántele la parte baja de la espalda **9-10-11** y, si se siente cómodo, levante por entero al bebé, que se encontrará entonces cabeza abajo. Para volver a la posición inicial, pose con mucha suavidad la cabeza y, muy poco a poco, vaya apoyando el cuello y luego la columna vertebral. Si es necesario, pídale a alguien que le ayude. Atención: cuando el bebé acaba de recibir un masaje, tiene los pies resbaladizos.
Este ejercicio hace ver el mundo desde otro ángulo, estira la columna vertebral, aligera el peso de los órganos y actúa sobre la presión y la circulación de los fluidos orgánicos.

Mecerlo dulcemente

Sujete con firmeza los dos tobillos del bebé con una mano, y las dos muñecas con la otra. Levántelo del suelo con mucha delicadeza. La cabeza se inclina suavemente hacia atrás. Puede mecerlo dulcemente **12**. No haga este ejercicio a no ser que se sienta verdaderamente cómodo. Atención: la piel puede estar resbaladiza.

EL BEBÉ DUERME MUCHO TRAS EL MASAJE

Tras una sesión de masaje, el sueño del bebé puede ser distinto, más largo y profundo, y sus horarios pueden modificarse. Es completamente normal, ya que ha acumulado muchas sensaciones y necesita tiempo para integrarlas profundamente.

EL BEBÉ LLORA DURANTE O DESPUÉS DEL MASAJE

El llanto que surge durante o después del masaje significa quizá que el bebé ya ha recibido bastante estimulación y necesita descansar. Puede que sea sensible a un parámetro en el que usted no había pensado: una luz muy directa sobre los ojos, un ruido, una palabra muy fuerte... El llanto es también una forma de eliminación, y su bebé tiene emociones que expresar. A veces, sencillamente, no tiene ganas de que le vistan tras ese momento feliz. Entonces ¿por qué no envolverlo con algo caliente y dejarle en sus brazos?

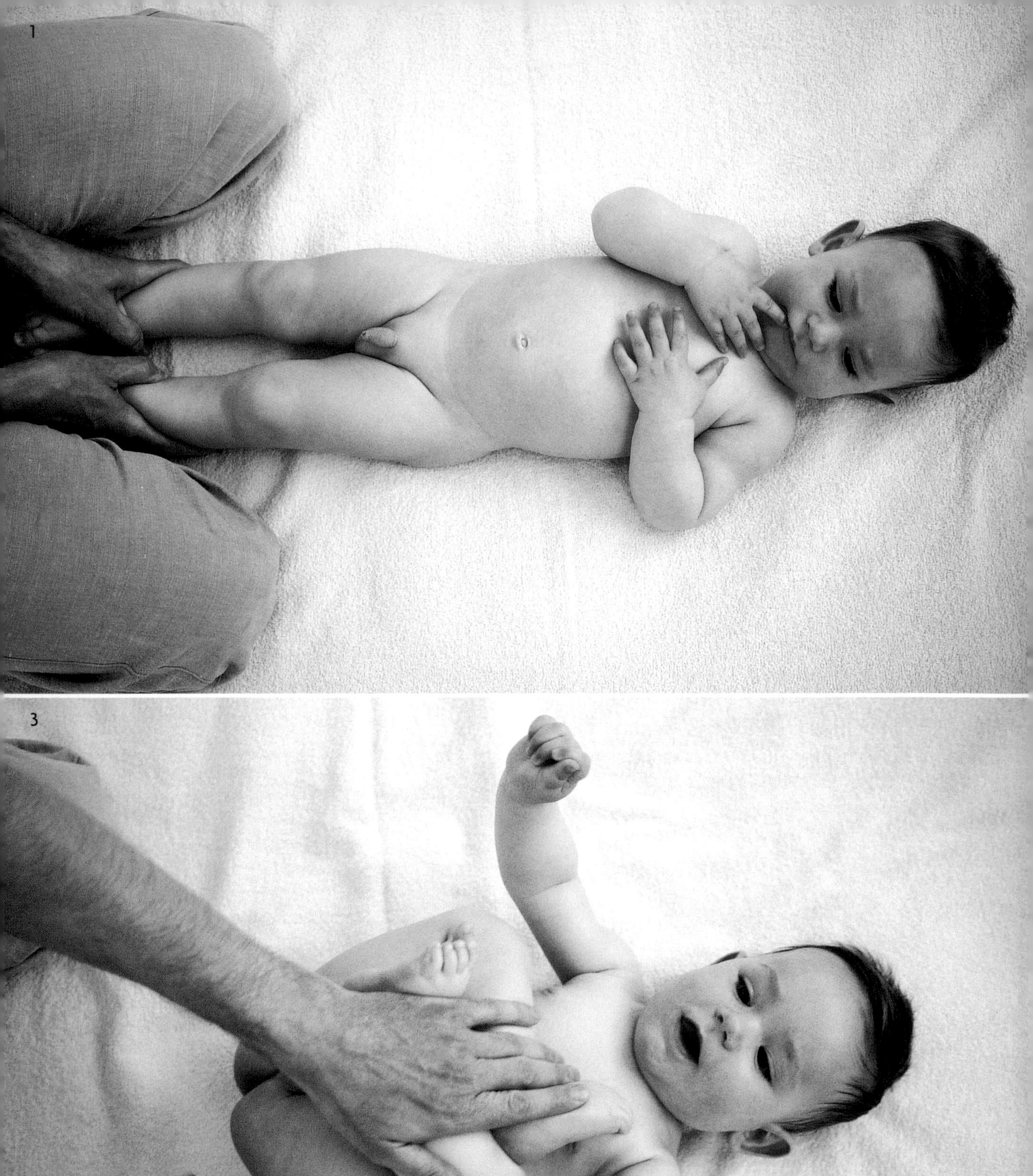
1

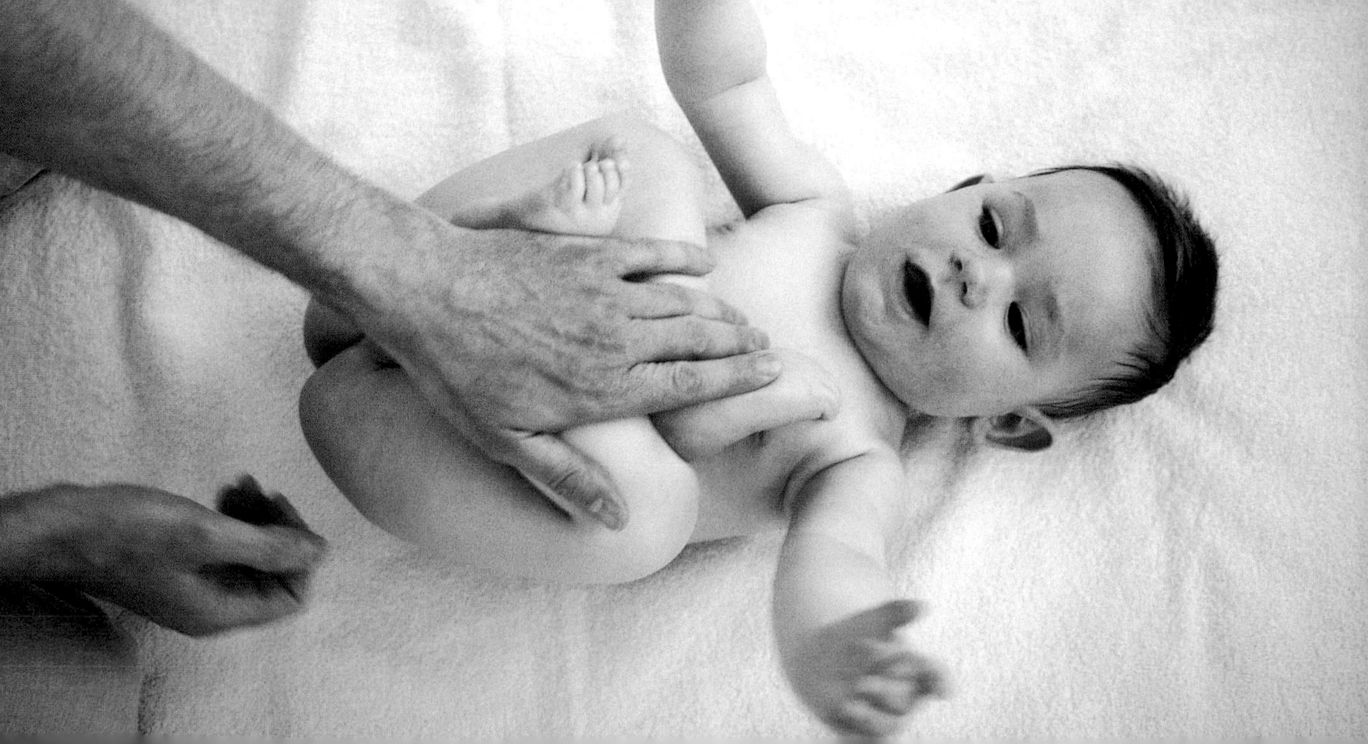
3

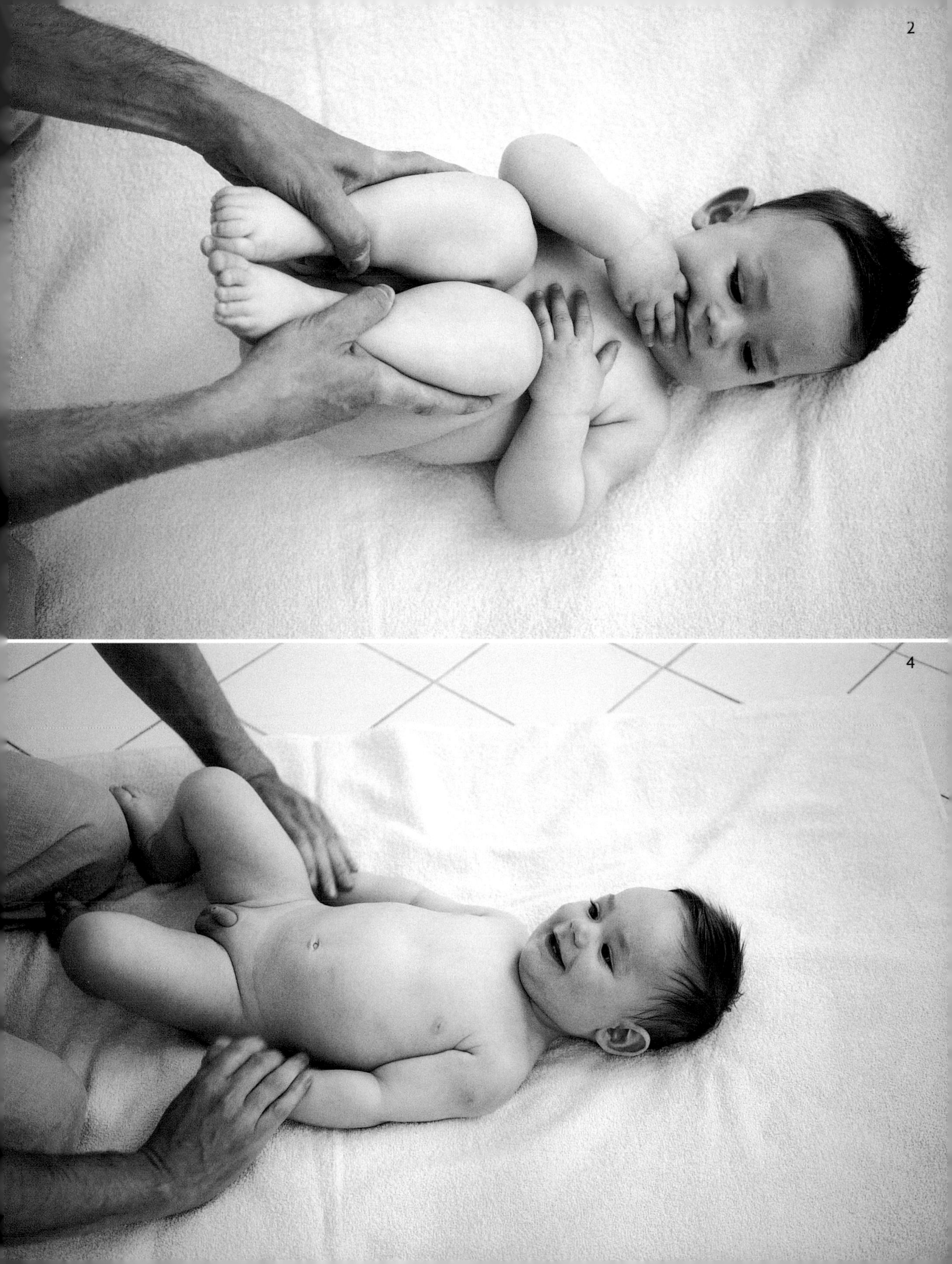
2
4

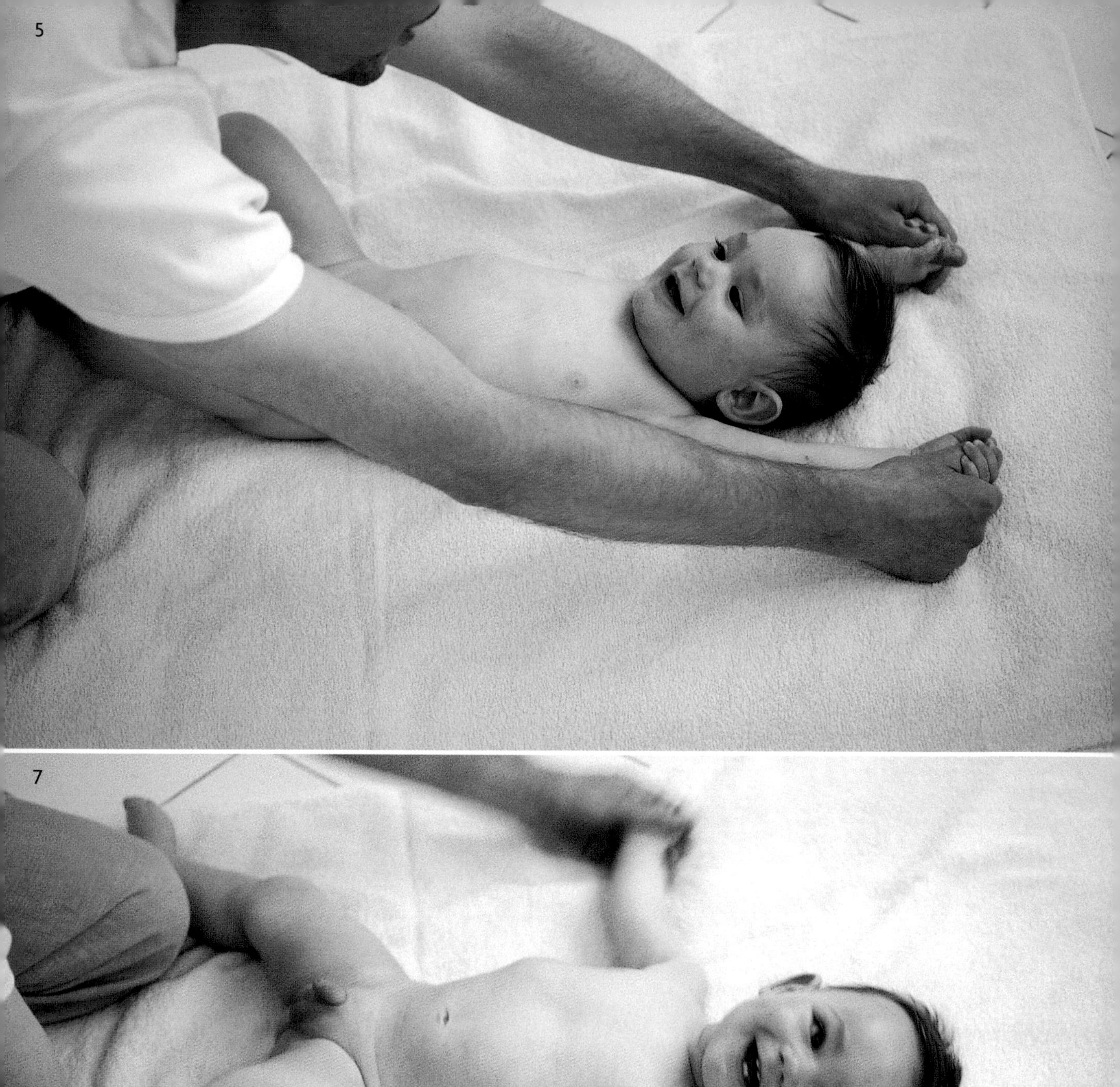
5

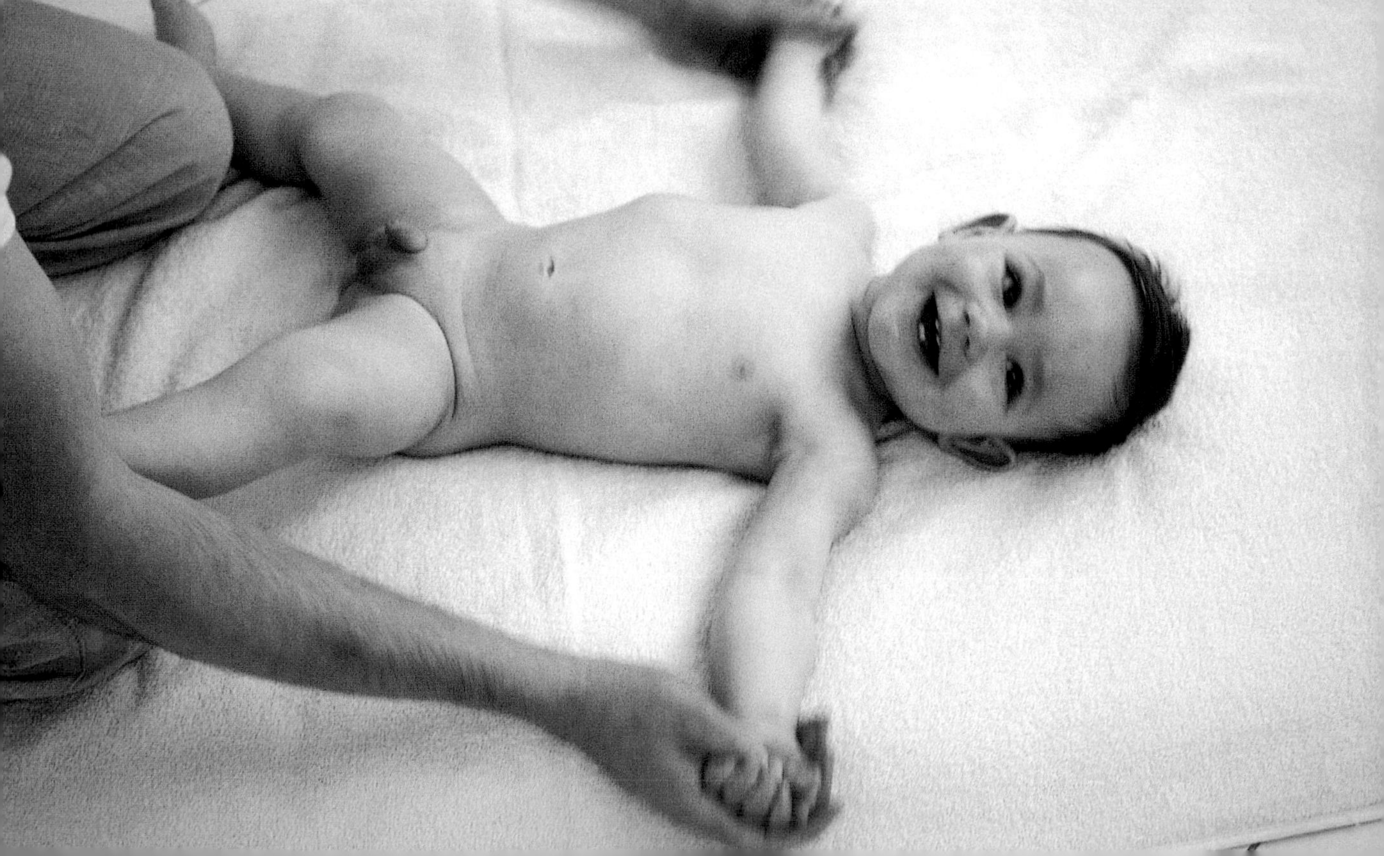
7

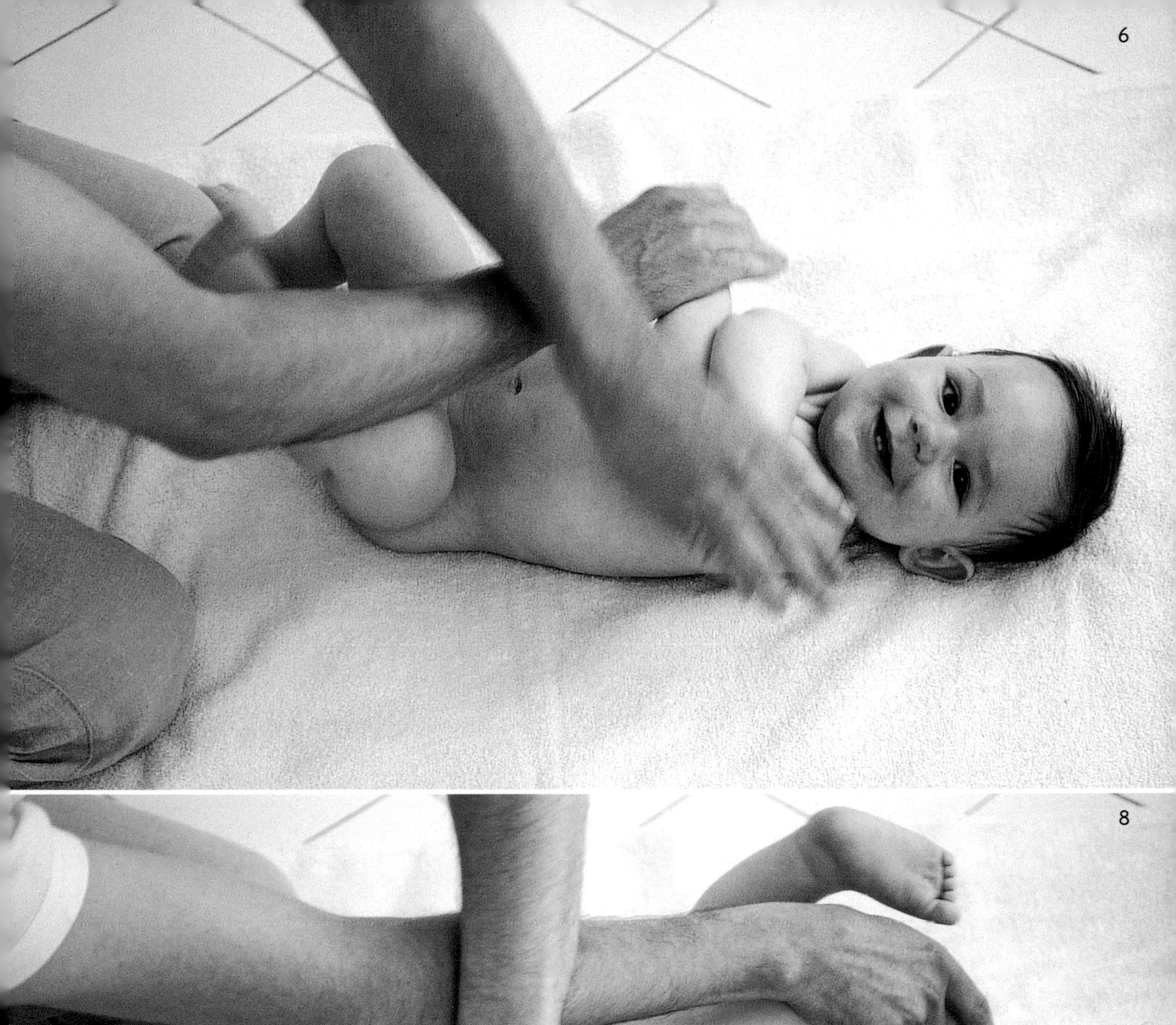
6

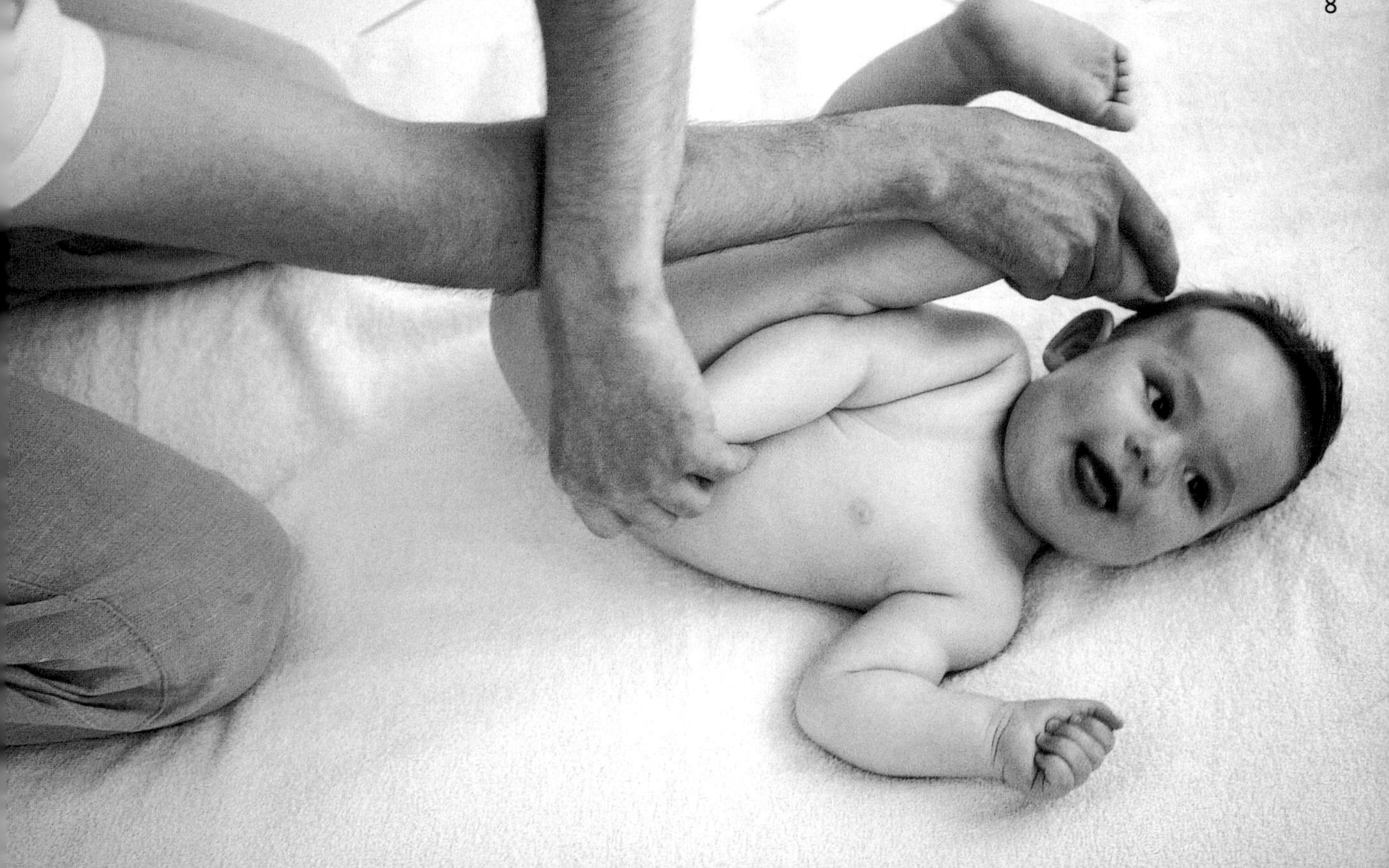
8

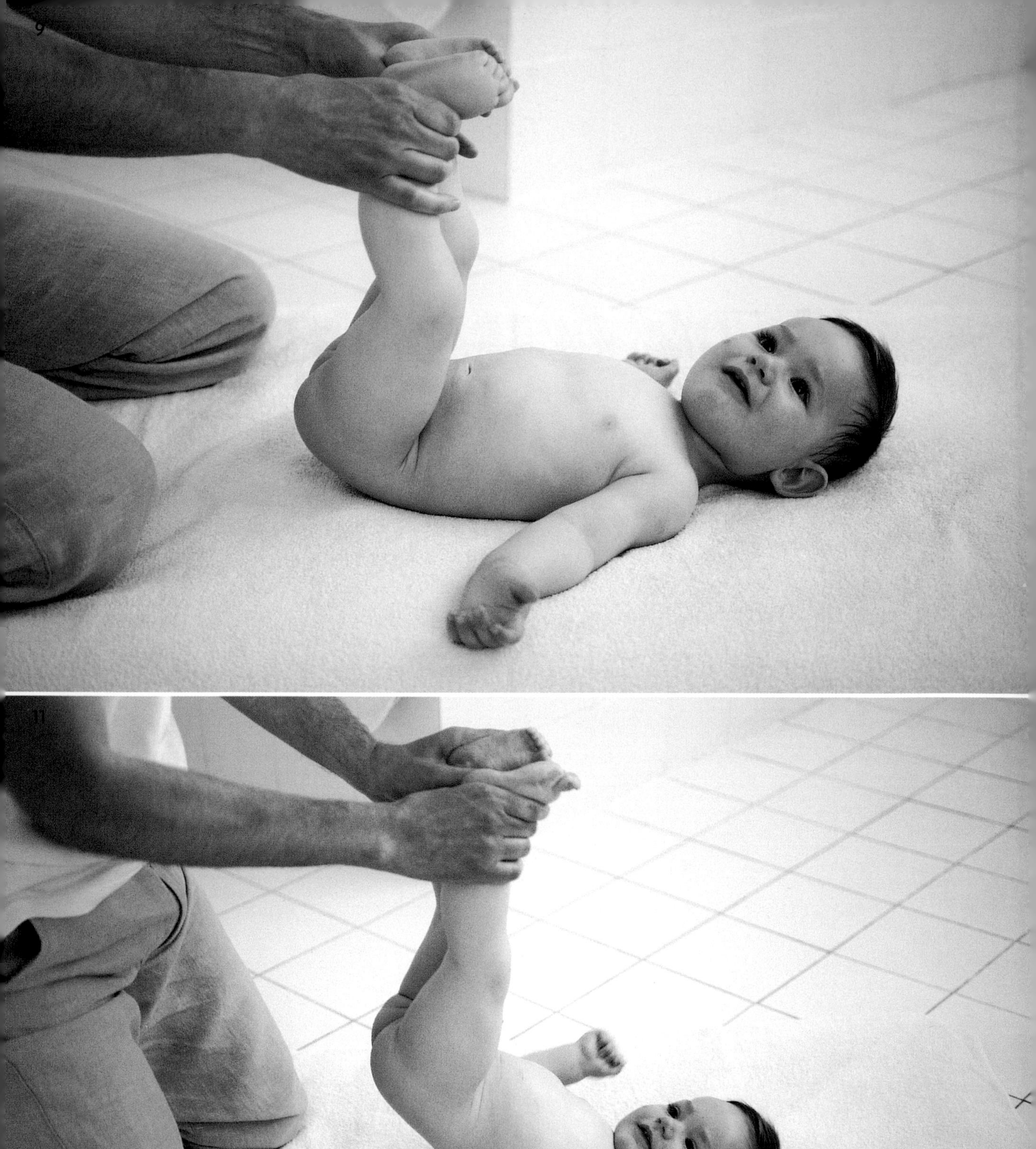
9

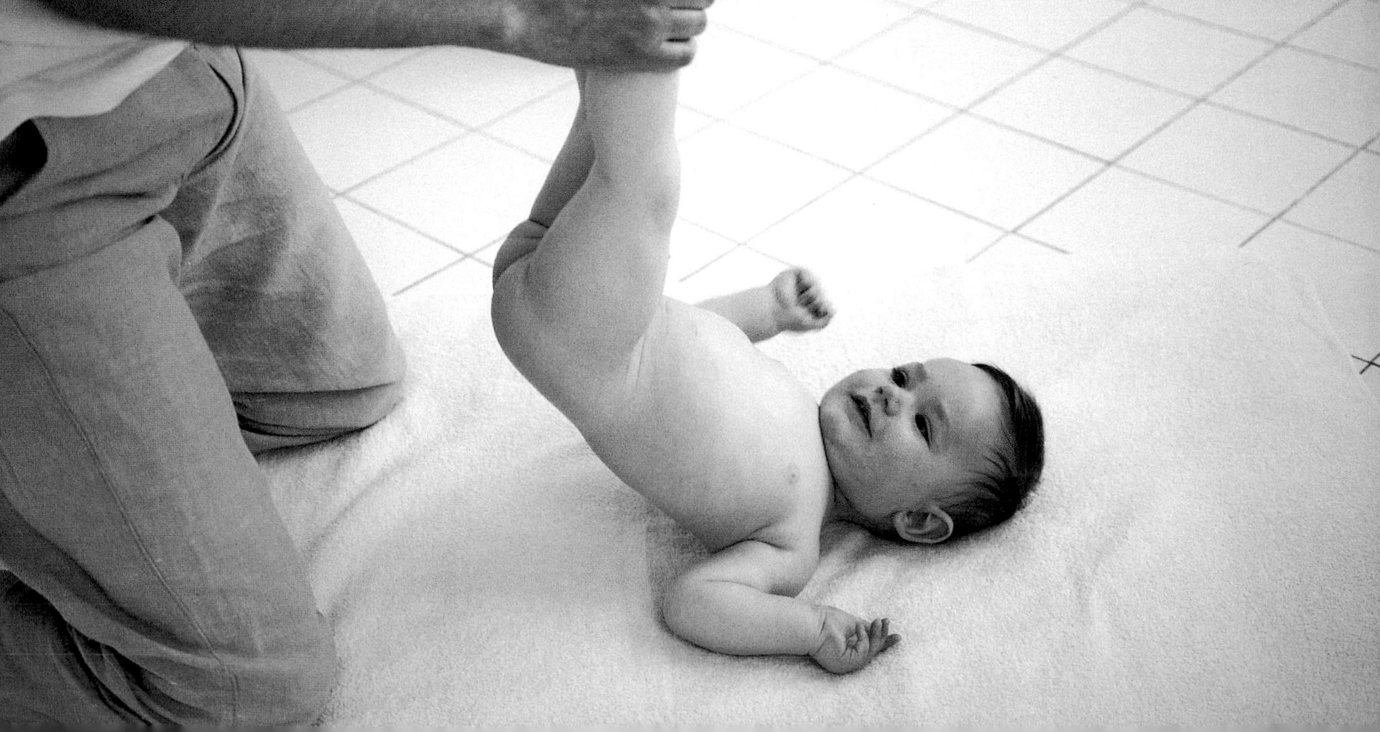
11

10

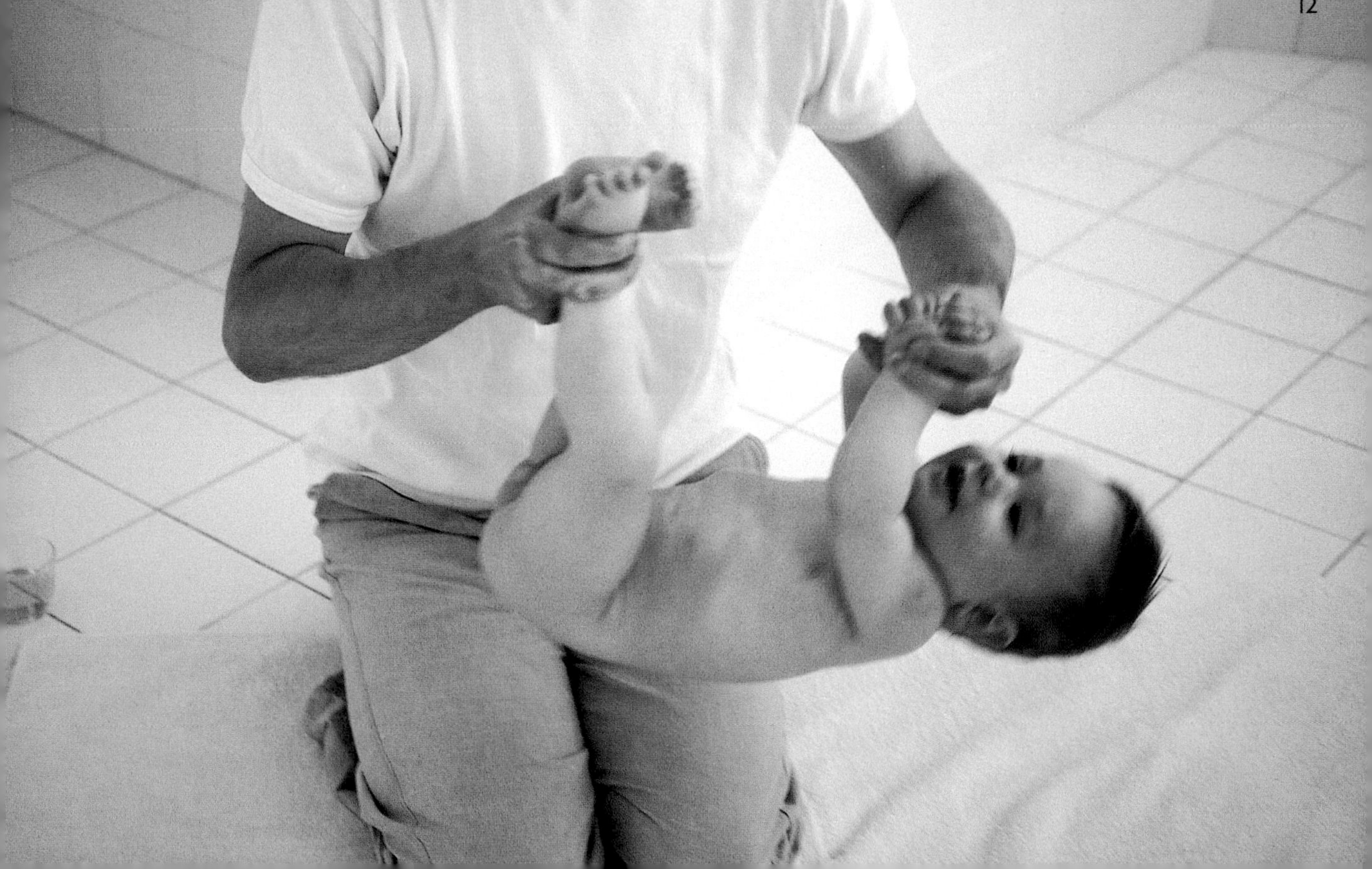
12

y después...

la relajación y el baño

Lo que se produce tras la sesión de masaje propiamente dicha reviste una gran importancia y se origina de una manera muy sutil. Prosiga con el baño de los cinco elementos como se sugiere a continuación. Nutra a su hijo y a sí misma con sensaciones delicadas pero profundas, que actuarán como una pausa, prolongado el delicioso momento que acaban de compartir.

Al sol

Haga que el cuerpo de su bebé se llene de sol a la luz del día o, si es posible, póngalo directamente a la luz del sol cuando sale o cuando se pone, para que esté en contacto con el elemento Fuego (véase p. 22). Pueden estar al aire libre o tras una ventana. Juegue con el bebé colocándolo a la sombra y a la luz, muéstrele los reflejos de un objeto brillante o de una vela.

Al aire

Cuando el bebé está «vestido de las cuatro direcciones», es decir, con «el vestido de nacimiento», no solo respiran su nariz y su boca sino todas las partes de su cuerpo, todos los poros de su piel. Su bebé se mantiene en contacto con el elemento Aire. Juegue con él, hágale sentir el movimiento del aire, el soplo del viento si están al aire libre –evitando las corrientes–. Sople sobre su mano, hágale soplar un juguete, por ejemplo, o sobre una flor.

Pastas y polvos

Es el momento de estar en contacto con el elemento Tierra. Puede untar al bebé con una pasta que habrá preparado (véase p. 64); la mezcla debe estar a la temperatura del cuerpo. Extienda la pomada sobre su cuerpo repitiendo los movimientos del masaje que ya conoce. Luego aclárelo.
Se pueden utilizar polvos, como la harina de garbanzos, por ejemplo, pero es posible que reseque la piel del pequeño.

La sutileza del canto

Después de vestir al bebé, las madres hindúes les maquillan los ojos con khôl que les protege los ojos del polvo y del sol. Luego, la sesión termina dándole de mamar y, según la tradición hindú, los bebés emprenden el vuelo en una meditación profunda y sutil hacia el mundo del sueño y de los sueños, que es tal vez el lazo directo con el alma. Corresponde al elemento Éter el ambiente sutil que puede crearse mediante los cantos de la madre.

En el agua

Cuando se dan un baño o una ducha tras el masaje, el agua caliente y el vapor producen una especie de sudación del cuerpo. En general, este es un maravilloso momento de relajación para el bebé. En ayurveda, la práctica de la exsudación es muy importante, puesto que es uno de los cuidados que permite la eliminación de toxinas y de tensiones. Según la estación, el agua será tibia o caliente. Compruebe la temperatura en usted misma para estar segura de que será la más conveniente para su hijo. En la India, la madre tumba al bebé sobre sus piernas desnudas o sobre un tejido fino con los que prepara un pequeño colchón. Le levanta ligeramente la cabeza y lo lava vertiendo agua sobre él como una pequeña ducha, incluyendo también el cráneo. La pasta que se ha preparado previamente hace el oficio de jabón suave; solo cuando el bebé está limpio su madre le deja jugar en un recipiente lleno de agua limpia. Así recibe los beneficios del elemento agua sin las impurezas del lavado.

CONTRA EL RESFRIADO Y EL DOLOR DE VIENTRE

Los resfriados son muy frecuentes en los niños pequeños, igual que los dolores de vientre. Los diversos trastornos de salud representan a veces una demanda de presencia de los padres, por eso el masaje o simplemente el hecho de posar las manos sobre el bebé le va a ayudar, va a satisfacer su necesidad fundamental de seguridad. He aquí algunos consejos prácticos para aliviar al pequeño.

En caso de constipado

Practique el masaje en el pecho con el aceite caliente y tomillo hindú.

Dele masaje en los pies con un aceite esencial del tipo *Eucalyptus radiata* o *Ravensar* aromática. Dé un masaje apoyándose bastante en la zona de la nariz, los senos y la frente; empiece por el tabique de la nariz, con el pulgar y el índice a modo de pinza. Igualmente, realícelo por encima de las cejas, del centro hacia los extremos, apoyándose un poco. A continuación, ponga los pulgares a cada lado de la nariz, en la raíz y vaya bajando a lo largo de su estructura ósea y a lo largo de los senos, siempre del centro hacia la periferia.

En caso de dolor de vientre

Ponga una gota de aceite de mostaza en el ombligo de su hijo. Ponga la mano derecha sobre su ombligo y la mano izquierda sobre su cabeza o sobre su frente. Respire tranquilamente durante unos instantes. Si el dolor de vientre persiste, utilice una mezcla compuesta de flores de caléndula y de fenogreco macerado en aceite de sésamo. Haga ligeros movimientos sobre todo el vientre en el sentido de las agujas del reloj. Haga reír al bebé con unas cuantas cosquillas; de este modo, su diafragma se relajará. Acaríciele de una forma muy ligera alrededor del ombligo, siempre en el sentido de las agujas del reloj. Coloque una tela de algodón o de seda sobre su vientre y sople tres veces; el calor suave y regenerador se extenderá por el cuerpo y el espíritu de su hijo.

masaje para niños

Se habla de masaje del bebé desde el vigésimo octavo día hasta alrededor de los dos años. Se trata de un masaje del niño que, en su base, no difiere fundamentalmente. A partir de los cuatro o cinco meses, y a cualquier edad de su hijo, tendrá que adaptar los movimientos cuando empiece a moverse y a dar muestras de necesidades específicas. El masaje se convertirá en un momento de gran comunicación cuando su hijo sea capaz de describirlo verbalmente y expresar sus deseos. Será entonces una gran dicha oírle pronunciar palabras que revelan hasta qué punto lo aprecia. El masaje es un momento de amor compartido, un momento demasiado raro hoy en nuestra sociedad.

Adáptese a la edad de su hijo

A partir de los seis meses aproximadamente, el bebé va a darse la vuelta, a atrapar los objetos que lo rodean, y su receptividad al masaje será distinta. Cuando camine a cuatro patas, el masaje que usted ha aprendido estará menos adaptado que nunca. Lo que quedará en sus movimientos será el masaje que habrá integrado y su capacidad de adaptación; si lo ha practicado con frecuencia, le saldrá de forma natural. El punto esencial es no preocuparse y no sentirse decepcionada si la sesión no se desarrolla como usted la había previsto. Si a los dieciocho meses el niño rechaza el masaje y en cambio le encantaba cuando era más pequeño, no haga nada; espere simplemente a que vuelva a tener ganas. Continúe ofreciéndoselo, dele una muñeca y aceite y déjele jugar si lo desea. Reciba usted misma masajes o siga practicando si es posible con sus otros hijos.

Esté atenta a sus reacciones

Durante los masajes, los niños manifiestan a veces reacciones emocionales: risas, ganas de mimos y caricias, deseo de calma o incluso una rabieta. Todas estas reacciones son normales. Es importante recibirlas y acompañarlas con ternura, atención y una neutralidad benevolente.

Cuando el niño es realmente mayor

¿Está contraindicado dar masaje a un niño más allá de cierta edad, por ejemplo, en la adolescencia? Tal vez se lo pregunte. Sepa que el masaje es un beneficio en todas las épocas de la vida y, en las culturas del tacto, marca el ritmo de los momentos cruciales de la existencia: el nacimiento, el matrimonio, los grandes cambios. No existe ninguna contraindicación para la práctica del masaje, en la medida en que reine un clima de confianza mutua, cuando quien da el masaje y quien lo recibe lo hacen de una forma sana y equilibrada. Confórmese con dar masaje cuando se lo piden; no lo imponga. Intente no extrapolar en el masaje sus propias tensiones o problemas. Igualmente, no intente «hacer un bien» y tomar posición como un masajista que sabe mejor que el receptor del masaje lo que necesita. Sea sencillamente alguien que transmite una práctica milenaria, sin intentar apropiársela, sin querer «plantar su bandera» en lo que está haciendo y en quien lo está recibiendo.

En caso de sentirse incómodo o pudoroso

Si se siente incómodo o tiene un pudor excesivo al dar masaje a un niño mayor, absténgase. Ese sentimiento suele ser signo de que el tacto nos resulta poco familiar. Es probable que si tanto los niños como sus padres fueran integrando poco a poco el masaje en su vida cotidiana y en su cultura, su necesidad de contacto y de alimento afectivo sería colmada de una manera sana.

CUANDO SON LOS NIÑOS QUIENES DAN EL MASAJE

Los adultos a veces se sorprenden al descubrir el placer que sienten los niños al dar masaje, a veces durante largos ratos y sin cansarse, con una concentración, una calidad de tacto y una precisión de movimientos asombrosas para tratarse de alguien que no ha aprendido. No le han enseñado de una manera clásica, sino que el niño ha integrado este conocimiento de otra manera, por la experiencia, la observación y la intuición; es una gran lección para todos los alumnos de masaje que toman notas muy precisas pero olvidan mirar e «impregnarse» de las imágenes.

«Con la palabra
se toca,
con el tacto
se habla»

agradecimientos

Con todo nuestro corazón, queremos dar las gracias a Falguni y Pankaj Vyas por su hermosa presencia y su manera de compartir la enseñanza del ayurveda y el masaje para bebés.
Muchas gracias a los bebés de este libro, Lucien y Faustine, por su humor alegre y sus sonrisas durante las sesiones de fotografía, así como a sus padres, Catherine y Olivier, así como Rachel por haberse «entregado» al objetivo en esta práctica íntima.
Mil gracias también a Jean-François Chavanne, nuestro fotógrafo, por su gran paciencia y su calma.
Un pensamiento afectuoso para Corinne Dupont y Françoise Lisbonis, por su permanente apoyo.

ORGANISMOS OFICIALES
Department of Indian Systems of Medicine
Gobierno de la India
http://indianmedicine.nic.in/

Gujarat Ayurved University
www.ayurveduniversity.com

Banaras Hindu University (BHU)
Faculty of Ayurveda
www.bhu.ac.in/ayurveda/ayur_home.htm

ORGANISMOS NO GUBERMENTALES Y COMERCIALES
Instituto ayurvédico y de estudios védicos
C/. Campoamor, 69 bajo
46022 VALENCIA
Tel: 96 3553199
www.ayurveda.es

Fundación de salud ayurveda PREMA
Avda. Santa Fe 3373 6° B
(C1525BGI) Buenos Aires
Argentina
Tel.: (+54-11) 4824-1574 /4827-4590
Telefax: (+54-11) 4775-4467
www.medicinaayurvedica.org

M

MAJA: médula.
MALAS: eliminaciones, toxinas.
MANTRAS: frases o sílabas en sánscrito. Su pronunciación produce vibraciones sonoras sutiles que influyen sobre las emociones y los planos internos del ser. Los sonidos, en vínculo directo con la respiración (*prana**), también actúan sobre el cuerpo físico, las secreciones de las glándulas y los centros energéticos que están vinculados con ellas. Los mantras apaciguan y equilibran.
MAYURPINCHH SAMVAHANA: masaje ayurvédico que se realiza con una pluma de pavo real.
MEDA: grasa.
MUTRA: orina.

O

OJAS: luz, aura, inmunidad.

P

PAVANAMUKTASANA: postura fetal en yoga.
PITTA: uno de los tres *doshas* (véase esta palabra).
PRAKRUTI: naturaleza profunda del ser.
PRANAYAMAS Y PRANA: respiración, aliento.
PRASARINI: aceite ayurvédico a base de aceite de sésamo y plantas.
PRASWEDA: transpiración.
PRITHVI: elemento Tierra.
PURISHA: deposiciones.

R

RAKTA: equivalente de la sangre.
RASA: jugo nutritivo procedente de la alimentación.

S

SANKALPA: resolución interna.
SHAVASANA: postura de gran descanso en yoga.
SHUKRA: tejidos seminales.

U

UDGHARSHANA: masaje a base de sal, plantas ayurvédicas y yogur.

V

VATA: uno de los tres *doshas* (véase esta palabra)
VAYU: elemento Aire.
VEDA: conocimiento.
VIKRUTI: equilibrio/desequilibrio de los *doshas* (véase esta palabra) en un momento dado.

Y

YOGA NIDRA: yoga de la relajación profunda.

glosario

A

ABHYANGA: masaje corporal con aceite.
AGNI: elemento Fuego, energías de transformación
AJOWAN: el «tomillo indio» *(Thrachyspermum ammi)* pertenece a la familia de las umbelíferas.
AKASHA: el elemento Éter.
APANA VAYU: energía de expulsión o de eliminación.
ASANAS: posturas de yoga.
ASTHI: hueso.
AYUR: impulso vital.

B

BALA: aceite ayurvédico compuesto por aceite de sésamo y plantas ayurvédicas.

C

CHANDAN BALA LAXADI: aceite ayurvédico preparado a partir de aceite de sésamo y que incluye cerca de treinta plantas distintas.

D

DATHUS: sostener, nutrir, tejer (tomando el término «tejido» en el sentido anatómico).
DOSHAS: «humores».

G

GHEE: mantequilla purificada (o clarificada).

H

HATHA YOGA: yoga del cuerpo.

J

JALA: elemento Agua.
JATHARA PARIVARTANASANA: postura de torsión en yoga.

K

KANSU: cuenco de aleación metálica para el masaje en los pies.
KAPHA: uno de los tres *doshas* (véase esta palabra).
KAUMARA BHRITYA: rama del ayurveda correspondiente a la pediatría, que va desde la concepción del niño hasta la adolescencia.